KB042186

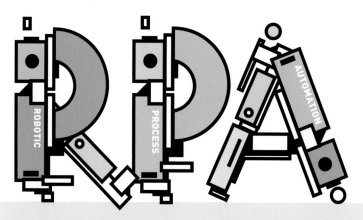

반복적인 업무 프로세스 자동화를 위한

RPA의 모든 것

최윤석, 정영훈 공저

with. Automation Anywhere

YoungJin.com **Y.**
영진닷컴

반복적인 업무 프로세스 자동화를 위한

RPA의 모든 것

with. Automation Anywhere

Copyright ©2020 by Youngjin.com Inc.
4F, STX-V Tower, 128, Gasan digital 1-ro, Geumcheon-gu, Seoul, Republic of Korea, 08507

All rights reserved. First published by Youngjin.com. in 2020. Printed in Korea
저작권법에 의하여 한국 내에서 보호를 받는 저작물이므로 무단 전재와 무단 복제를 금합니다.
이 책에 언급된 모든 상표는 각 회사의 등록 상표입니다.
또한 인용된 사이트의 저작권은 해당 사이트에 있음을 밝힙니다.

ISBN : 978-89-314-6318-7

독자님의 의견을 받습니다.

이 책을 구입한 독자님은 영진닷컴의 가장 중요한 비평가이자 조언가입니다. 저희 책의 장점과 문제점이 무엇인지, 어떤 책이 출판되기를 바라는지, 책을 더욱 알차게 꾸밀 수 있는 아이디어가 있으면 이메일, 또는 우편으로 연락주시기 바랍니다. 의견을 주실 때에는 책 제목 및 독자님의 성함과 연락처(전화번호나 이메일)를 꼭 남겨 주시기 바랍니다. 독자님의 의견에 대해 바로 답변을 드리고, 또 독자님의 의견을 다음 책에 충분히 반영하도록 늘 노력하겠습니다.

파본이나 잘못된 도서는 구입처에서 교환 및 환불해 드립니다.

이메일 : support@youngjin.com
주　소 : (우)08507 서울시 금천구 가산디지털1로 128 STX–V타워 4층

STAFF
저자 최윤석, 정영훈 | **총괄** 김태경 | **진행** 성민, 이민혁 | **디자인·편집** 이주은 | **영업** 박준용, 임용수, 김도현
마케팅 이승희, 김근주, 조민영, 이은정, 김예진 | **제작** 황장협 | **인쇄** 제이엠인쇄

🤖 머리말

급변하는 IT 환경에서 4차 산업 시대를 맞이하면서 인공지능을 통한 업무 자동화는 거스를 수 없는 대세로 자리 잡고 있습니다. 이와 함께 세계적으로 코로나 19가 유행하고, 재택근무와 언택트 환경이 요구되면서 더욱더 효율적으로 업무를 할 필요성이 대두되고 있습니다. 또한, 주 52시간제 도입으로 기업에서는 '이전보다 짧아진 근무시간에 어떻게 하면 기존과 같은 성과를 낼 수 있을까?'라는 고민을 하고 있습니다.

RPA는 이러한 고민을 해결하기 위한 가장 좋은 해결책이 될 것입니다. 로봇 노동자 또는, 디지털 노동자로 불리는 자동화 프로세스는 기존에 사람이 하던 업무를 대신하여 단순하고 반복적인 일을 24시간 쉬지 않고 합니다. 로봇 자동화 프로세스는 지루한 업무에 대해 불평하지 않고, 복잡한 일이라도 실수를 하지 않습니다. 앞선 장점과 함께 짧은 프로젝트 셋업 기간과 합리적인 비용으로 금융기관과 산업계를 시작으로 우리나라에서도 RPA 솔루션을 도입하는 기업들이 점차 늘어가고 있습니다. 단순하고 반복적인 업무를 RPA에게 맡기고 임직원들은 더욱 창의적인 일을 하게 되면서 RPA를 도입한 기업과 그렇지 않은 기업의 업무 효율성의 격차는 점차 벌어질 것으로 예상됩니다.

RPA가 단순한 업무에서부터 사람의 일을 대체해가면서 임직원들이 사무실 환경에서 처음 접하게 될 초기 형태의 인공지능 로봇이 될 것입니다. 어쩌면 로봇이 점차 사람들의 업무를 대체해 가는 것에 대한 두려움이 있을 수 있습니다. 하지만, 거스를 수 없는 대세라면 앞서서 학습하고 대비하는 사람들에게 또 다른 기회가 될 수 있습니다. 본 도서는 이렇게 미리 준비하려는 분들을 위해 출판되었습니다. 새롭게 접하는 로봇 자동화 업무의 개념을 친절하게 설명하고, 기본 실습 과정을 쉽게 하는 것을 목표로 집필되었습니다. 또한, RPA를 도입하여 성공한 여러 사례를 보여주어 다양한 산업 분야에 참고가 되고자 했습니다.

기존의 출판된 RPA 도서들은 특정 기업의 한가지 제품에 대해 집중적으로 소개하는 방법이 주를 이루고 있으나 현 RPA 시장은 대표적인 3개의 제품(UiPath, Automation Anywhere, Blue Prism)이 서로 경쟁하고 있습니다. 본 도서의 초반부에서는 RPA의 기본 개념을 설명하고, 3가지 제품에 대해 객관적인 시선에서 특징을 살펴보고, 장단점을 독자들이 비교할 수 있도록 서술하였습니다. 후반부에는 독자들이 RPA를 기초부터 응용까지 실습할 수 있도록 활용 예제를 담고 있습니다. 다만, 3가지 제품의 활용을 모두 다루는 것은 내용이 중복되는 부분이 많고, 페이지의 한계가 있습니다. UiPath 제품의 실습을 다루는 다른 도서들이 있기에, 본 도서에서는 독자들이 상대적으로 실습 예제가 더 유용하리라 생각되는 Automation Anywhere를 기준으로 설명하였습니다.

옛 속담에 일찍 일어나는 새가 먹이를 잡는다는 말이 있습니다. 급속한 속도로 발전하고 있는 RPA 기술을 미리 학습하고 실습하여 익숙해진다면, 독자 여러분은 급변하는 IT 환경에서 더 나은 경쟁력을 얻을 수 있을 것입니다.

미리 보기

RPA가 무엇이며, 어떻게 활용하면 RPA를 제대로 학습할 수 있는지에 관한 내용이 이론편과 따라하기편으로 구성되어 있습니다.

■ 장
PART별로 학습할 내용을 세분화하여 어떠한 내용을 학습할지 간단히 소개합니다.

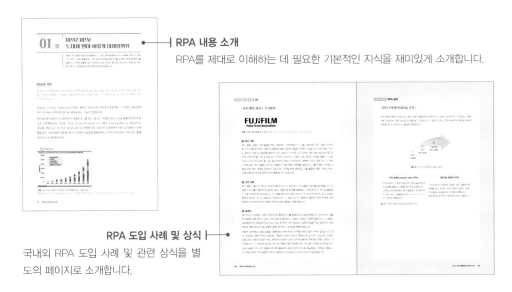

RPA 내용 소개
RPA를 제대로 이해하는 데 필요한 기본적인 지식을 재미있게 소개합니다.

RPA 도입 사례 및 상식
국내외 RPA 도입 사례 및 관련 상식을 별도의 페이지로 소개합니다.

■ 실전 따라하기
08~17장에서는 Automation Anywhere를 이용하여 RPA를 어떤 방식으로 활용하게 되는지 직접 따라하기로 학습해 봅니다.

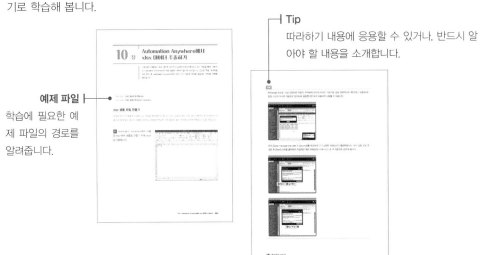

예제 파일
학습에 필요한 예제 파일의 경로를 알려줍니다.

Tip
따라하기 내용에 응용할 수 있거나, 반드시 알아야 할 내용을 소개합니다.

 예제/완성 파일 다운로드

이 책의 학습에 필요한 예제/완성 파일은 **영진닷컴 홈페이지(www.youngjin.com)의 [고객센터]–[부록 CD 다운로드]–[IT도서/교재]**에서 도서명으로 검색한 후 압축 파일을 다운로드하여 사용하면 됩니다.

> ≫ 영진닷컴 홈페이지(www.youngjin.com) [고객센터]–[부록 CD 다운로드]–[IT도서/교재]에서 도서명으로 검색

> ≫ 압축 파일 다운로드 후 압축을 해제하면 보이는 예제/완성 파일 폴더의 모습

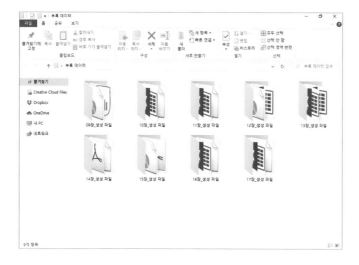

목차

이론편 **RPA란 무엇인가?!**

**01 장 RPA? RPA! 도대체 뭔데
이렇게 대세일까?!** 10

RPA의 시작 10
왜 RPA 인가? 11
물리적 로봇 vs 소프트웨어 로봇 12
전통적인 사무 소프트웨어의 접근 방법 15
전통적인 자동화와 RPA의 차이점 16
RPA는 고용에 어떤 영향이 있을까? 17
어떤 업무에 RPA를 도입할 것인가? 18
여기서 잠깐! RPA 상식 RPA의 미래, 얼마나 밝은가? 19
RPA 해외 도입 사례 01 후지 필름 홀딩스 주식회사 20

02 장 RPA 시장은 얼마나 성장하고 있나?
22

글로벌 마켓 전망 22
일본의 RPA 도입 트렌드 23
한국에서의 전망 24
인공지능과 RPA 트렌드 26
여기서 잠깐! RPA 상식 RPA 용어 27
RPA 해외 도입 사례 02 지멘스(Blue Prism 도입 사례) 28

03 장 운영 형태에 따른 RPA의 구분 31

데스크톱 RPA 31
서버형 RPA 32
클라우드형 RPA 33
협업 로봇(Attended Robot)과 33
무인 로봇(Unattended Robot)의 구분
여기서 잠깐! RPA 상식 인지 로봇과 인공지능 로봇 35
RPA 해외 도입 사례 03 코카 콜라(Blue Prism 도입 사례) 36

**04 장 UiPath, Blue Prism,
Automation Anywhere 비교** 40

대표적인 RPA 프로그램의 이해 40
3가지 솔루션의 전반적인 특징 41
기반 기술 44
솔루션의 기본 구조 45
업무 프로세스 설계 45
필요한 프로그래밍 기술 46
솔루션 접근성 46
업무 프로세스의 재사용성 47
UI 리코딩 48
솔루션의 운영 확장성 49
자격증 또는, 교육 수료증 49
RPA 해외 도입 사례 04 Genpact 51
(Automation Anywhere 도입 사례)

05 장 UiPath의 특징 54

UiPath RPA 기업용 플랫폼 54
UiPath 스튜디오 58
UiPath 로봇 59
UiPath 오케스트레이터 62
UiPath 아카데미 학습 및 인증 66
사용자 가이드 UiPath 커뮤니티 67
RPA 국내 도입 사례 01 KEB 하나은행 68

06 장 Blue Prism의 특징   **70**

회사 소개   70

제품 개요   70

Blue Prism 장점   75

도입 순서   79

RPA 국내 도입 사례 02 롯데홈쇼핑과 딜로이트 안진 그룹   82

07 장 Automation Anywhere의 특징   **84**

개요   84

Automation Anywhere 엔터프라이즈 RPA   86

IQ 봇   88

봇 인사이트   90

봇 농장(Bot Farm)   91

봇 스토어(Bot Store)   92

모바일 앱   94

Automation Anywhere의 구조   95

RPA 해외 도입 사례 05 Bancolombia   96
(Automation Anywhere 도입 사례)

따라하기편   Automation Anywhere로 RPA 맛보기!

08 장 Automation Anywhere 다운로드 및 인터페이스 설명   **100**

Automation Anywhere 가입 및 다운로드   100

Automation Anywhere 설치하기   104

Automation Anywhere 인터페이스 이해하기   107

기본 메뉴 소개   108

Script 메뉴 안내   112

여기서 잠깐! RPA 상식 UiPath 다운로드   114

09 장 Automation Anywhere로 예제 Web 데이터 추출하기   **115**

데이터 추출용 링크 생성   115

Automation Anywhere 실행하기   117

데이터 추출하기   118

추출 데이터 편집하기   128

여기서 잠깐! RPA 상식 UiPath의 Web 데이터 추출하기   130

10 장 Automation Anywhere로 xlsx 데이터 추출하기   **131**

xlsx 샘플 파일 만들기   131

xlsx 데이터 추출하기   133

Loop문을 활용한 반복적 추출 작업 추가하기   138

여기서 잠깐! RPA 상식 UiPath의 xlsx 데이터 추출   145

11 장 Automation Anywhere로 xlsx 데이터 분석하기   **146**

데이터 분석 전 사전 작업하기   146

Loop문과 If문을 활용하기   150

Message Box를 통한 동작 확인하기   154

평균값 구하기   158

결과 데이터를 xlsx 파일에 추가하기   163

여기서 잠깐! RPA 상식 UiPath의 Script 저장 정보   169

12 장 Automation Anywhere로 xlsx 멀티 데이터 분석하기 - 시나리오 기반 170

기존 Script 재활용하기 170
샘플 연결 및 신규 저장 데이터 생성 작업 175
'banana.csv' 데이터 추출하기 178
데이터에 따른 동작 분기를 위한 If문 추가하기 181

13 장 Automation Anywhere로 PDF 데이터 추출하기 186

예제 만들기 186
결과 저장용 xlsx 파일 만들기 189
변수 추가 작업 190
반복적으로 PDF 파일 읽기 193
'PDF_Result.xlsx' 파일에 결과 기록하기 201
여기서 잠깐! RPA 상식 UiPath에서 PDF 데이터 추출하기 204

14 장 Automation Anywhere로 Email 데이터 추출하기 205

샘플 만들기 205
Email 계정 Gmail로 설정하기 207
Automation Anywhere의 Email 설정 209
사용될 변수 생성 작업 210
첨부 파일용 PDF 파일 만들기 212
Email 보내기 218
여기서 잠깐! RPA 상식 UiPath에서 Email 보내기 225

15 장 수신된 Email을 OCR로 분석하기 226

Email 다운로드 설정하기 226
PDF 파일을 이미지로 재저장하기 230
OCR로 이미지의 가운데 데이터 추출하기 237

16 장 Automation Anywhere의 Text 값 추출 및 이를 활용한 제품 위치 클릭하기 242

샘플 예제 만들기 242
사용할 변수 만들기 244
txt 파일의 Text 값 추출하기 245
제품 실행 및 지정한 Text를 이용한 값의 위치 클릭하기 250
여기서 잠깐! RPA 상식 UiPath의 마우스 클릭 258

17 장 Automation Anywhere로 시나리오 기반 Script 작성해보기 259

미션 259
샘플 예제 만들기 260
Web Recorder를 활용한 데이터 추출 작업 261
'상품.xlsx' 파일의 상품명 가져오기 267
추출한 상품명과 Web Recorder 연동하여 csv 파일 생성하기 270
데이터 추출 및 업데이트하기 277
결과 파일 Email 보내기 283

RPA란
무엇인가?!

01 장
RPA? RPA!
도대체 뭔데 이렇게 대세일까?!

현재 미국, 유럽과 같은 선진국에서는 IT, 금융, 사무 분야에서 RPA가 대세로 떠오르고 있습니다. 또한, 가까운 일본에서도 사무 생산성 향상을 위해 RPA를 도입하기 위한 움직임이 활발합니다. 이러한 흐름에 따라 한국에서도 점차 관심이 증가하고 있는데, 이 장에서는 RPA란 무엇이고, 왜 이렇게 대세인지에 관해 알아보겠습니다.

RPA의 시작

일상적인 사무업무를 하다 보면 단순하고 반복적 매일매일 해야 하는 작업이 많이 있습니다. 이러한 업무는 보통 재미없고 지루하기 때문에 자연스럽게 '어떻게 하면 피할 수 있을까?'하는 고민이 생기게 됩니다. 이런 고민으로부터 시작된 것이 RPA입니다.

RPA, 'Robotic Process Automation'이라는 용어는 2000년대 초반에 등장했지만, 그 이전인 1990년대부터 단순하고 반복적인 업무를 줄여보려는 시도가 있었습니다.

사무업무에 컴퓨터가 도입되면서, 응용프로그램 또는 매크로, 엑셀과 같은 도구를 통해 업무의 효율성을 가져왔습니다. 이러한 시도는 스크린 스크래핑 소프트웨어, 데스크톱 매크로, 워크플로우 자동화, 관리 도구 및 인공 지능과 같은 3~4개의 주요 기술들이 등장하면서 더욱 고도화되기 시작했습니다. 2000년대 초반에 이르러 이러한 기술들을 통합하려는 노력이 이루어지고 RPA라는 통합 솔루션이 등장하였습니다.

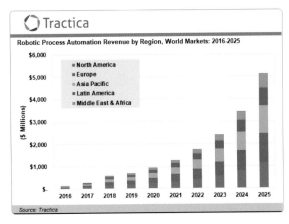

그림 1-1 〈Tractica에서 2025년도까지 전망한 RPA 시장 규모〉

(출처: https://www.tractica.com/newsroom/press-releases/robotic-process-automation-market-to-reach-5-1-billion-by-2025/)

〈그림 1-1〉은 시장조사기관 Tractica에서 추산하고 전망한 2025년까지 지역별 RPA 시장 규모를 보여줍니다. RPA의 높은 성장률은 왜 RPA가 대세인지를 보여줍니다.

왜 RPA 인가?

RPA는 사무실에서 사람의 업무를 대신해주거나 보조해주는 자동화 로봇입니다. RPA는 단순하고 반복적인 사무업무에서부터 점차 인공지능 로봇으로 발전하여 일상적인 업무를 보완해 나가고 있습니다. 4차 산업혁명의 시기와 함께 등장한 RPA에 관해 알아보고, 왜 RPA를 배워야 하는지를 알아보겠습니다.

그림 1-2 〈RPA의 대상〉

RPA는 로보틱 처리 자동화를 뜻하는 'Robotic Process Automation'의 줄임말로 규칙이 규정된 반복적인 단순 업무를 자동화하여 빠르고 정밀하게 수행하는 것을 의미합니다. 〈그림 1-2〉는 RPA의 대상이 되는 3가지 주요 조건을 보여줍니다. 이 조건에 부합할수록 RPA 도입의 효과를 극대화할 수 있습니다.

RPA는 인지 기술(규칙 엔진 기계 학습 · 인공 지능 등)을 활용하여 주로 사무직 업무를 효율화 · 자동화합니다. 인간의 보완으로 업무를 수행할 수 있기 때문에 가상 지적 노동자 또는, 디지털 노동자(Digital Labor)라고 불리기도 합니다. 단순한 소프트웨어 솔루션을 넘어 디지털 동료 또는 가상 노동력의 개념을 지향합니다.

다만, 현재는 모든 사무직 업무에 관해 자동화를 하는 것이 아니라 규칙이 규정된 업무(Rule based)를 주요 대상으로 합니다. 따라서, 회사에서 하는 업무 중에 규칙이 규정되고, 항상 반복적으로 수행되는 일 중 가장 많은 업무량을 차지하는 분야부터 도입하는 것이 좋습니다.

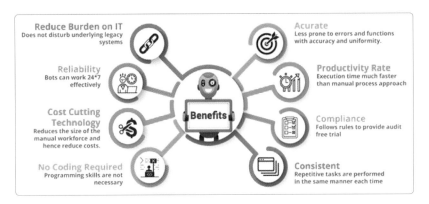

그림 1-3 〈RPA 도입으로 인한 혜택〉

(출처: https://d1jnx9ba8s6j9r.cloudfront.net/blog/wp-content/uploads/2018/03/RPA-Benefits@2x.png)

〈그림 1-3〉은 RPA의 도입으로 인한 혜택을 간략하게 보여줍니다. 이 책에서는 이 도입 혜택에 관해 전반적으로 다루게 됩니다.

물리적 로봇 vs 소프트웨어 로봇

RPA 로봇에 대한 개념을 더 상세히 이해하기 위해, 전통적 산업 현장에서 사용되는 물리적 로봇과 RPA에서 사용되는 소프트웨어 로봇에 관해서 비교해서 살펴보겠습니다.

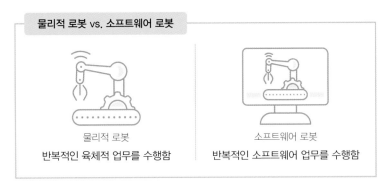

그림 1-4 〈물리적 로봇과 소프트웨어 로봇의 비교 개념도〉

〈그림 1-4〉는 물리적 로봇과 소프트웨어 로봇의 개념도를 보여줍니다. 물리적 로봇은 로봇 팔과 같은 물리적인 장치가 미리 프로그램된 작업을 반복적으로 수행합니다. 소프트웨어 로봇은 PC나 웹상에서 프로그램된 작업을 반복적으로 수행하게 됩니다. 그럼 이에 관해 좀 더 자세히 알아보겠습니다.

그림 1-5 〈자동차 공장의 생산 로봇〉
(출처: https://www.robotics.org/blog-article.cfm/The-History-of-Robotics-in-the-Automotive-Industry/24)

먼저, 전통적인 산업 현장에서 사용되는 물리적 로봇을 생각해보겠습니다. 많은 사람이 생산 로봇이라고 하면 〈그림 1-5〉와 같은 사진을 상상합니다. 이러한 생산 로봇은 단순 반복적인 일을 연속적으로 수행하여 생산 노동자가 과거에 했던 업무를 대신합니다. 이를 통해 기대할 수 있는 장점은 다음과 같습니다.

그림 1-6 〈공장의 로봇 도입의 장점〉

생산 현장에서 사람이 반복적으로 할 수 있는 노동의 강도에는 한계가 있습니다. 예를 들면, 사람은 육체적으로 20kg 이상의 물건을 반복해서 들고 옮기기 힘듭니다. 하지만 이 작업을 로봇이 대신했을 때, 사용 하중은 100kg부터 시작해서 20t까지도 가능합니다. 이는 산업 재해 또는 업무상 질병의 위험을 줄일 수 있는 장점이 있습니다. 또, 단순한 업무를 수없이 반복해도 불만이 없으며 사람보다 더 빠르고 정확하게 수행합니다. 이를 통해 불량이 감소하고 비용이 절감되며, 추가로 얻을 수 있는 유휴 노동력을 보다 창의적이고, 로봇이 대체하기 어려운 업무에 투입할 수 있도록 해줍니다. 또 인사 노무의 문제가 발생하지 않아 인적 관리 비용도 줄일 수 있습니다. 〈그림 1-6〉에서는 공장에서 로봇을 도입했을 때의 장점들을 보여주고 있습니다.

사실 소프트웨어 로봇에서 기대하는 장점도 육체적 노동의 한계점을 제외하면, 물리적 로봇의 장점과 상당 부분 비슷합니다.

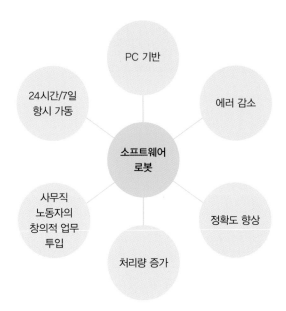

그림 1-7 〈소프트웨어 로봇의 장점〉

소프트웨어 로봇은 물리적인 로봇 팔이나 구동체 없이 PC 또는, 서버 PC 기반에서 동작합니다. 이를 통해 얻을 수 있는 항시 가동, 에러 감소, 정확도 향상과 같은 장점은 물리적 로봇의 개념과 유사합니다. 〈그림 1-7〉은 소프트웨어 로봇의 장점을 보여주고 있습니다.

하지만, 최근까지 공장에 생산 로봇을 도입하여 산업 현장의 생산성은 비약적으로 향상된 것에 비해, 사무업무의 로봇 도입을 통한 자동화는 큰 성과를 이루지 못하고 있었습니다. 그 이유는 전통적인 사무직 업무에서 서류를 통해 기록을 남기고, 이를 읽고 판단하는 과정이 포함되어 있기 때문입니다. 컴퓨터의 도입으로 종이에 기록되어 있는 불편함이 상당 부분 사라지고 많은 정보가 디지털화되었지만, 여전히 어떠한 기준으로 판단하고 결정하는 과정은 남아있습니다.

소프트웨어 개발자들은 전통적인 프로그램 개발 방법으로 이를 해결하고자 큰 노력을 기울여 왔습니다.

전통적인 사무 소프트웨어의 접근 방법

이 단원에서는 RPA의 개념이 나오기 이전부터 시도되었던 전통적인 사무 소프트웨어의 접근 방식에 관해 알아보고, 이러한 방법들이 가진 비효율성과 한계점에 관해서 알아보겠습니다.

RPA 개념이 나오기 이전에도 사무업무를 자동화하려는 노력은 지속적으로 있었습니다. 하지만, 이러한 노력은 특정 회사, 특정 업무를 대상으로 하는 맞춤형 솔루션으로 범용적으로 사용될 수 없었습니다.

간략하게 전통적인 자동화 프로젝트를 개발하는 예를 들어, 소개하자면 다음과 같습니다. 한 회사의 경영자가 특정 업무에 대한 소프트웨어 자동화에 관해 결정하게 되면 프로젝트가 시작됩니다. IT 부서 또는, 외주업체에서 프로젝트를 수행할 팀을 구성하고, 이를 진행하기 위해 담당 부서의 요구사항을 분석합니다. 이를 기반으로 프로그래머는 소프트웨어를 개발하고, 테스트와 요구 사항 검증 등의 과정을 거친 후에 완성된 소프트웨어를 담당 부서에 전달하게 됩니다.

그림 1-8 〈폭포수 모델〉

이렇게 전통적인 방법으로 개발된 소프트웨어는 큰 비용과 기간을 소비하게 되고, 유지 보수를 하기 위해 추가적인 비용도 발생하게 됩니다. 〈그림 1-8〉은 전통적인 소프트웨어 개발 방법론인 폭포수 모델을 보여주고 있습니다. 하지만, 이러한 소프트웨어는 개발 대상이 되는 분야에만 사용할 수 있는 한계를 보이고 재사용에도 많은 제약이 있습니다.

이러한 문제점들을 해결하기 위해 새롭게 도입된 개념이 RPA입니다.

전통적인 자동화와 RPA의 차이점

전통적인 방식의 소프트웨어 자동화의 문제점을 해결하기 위해 새롭게 도입된 RPA의 차이점에 관해 알아보겠습니다.

전통적인 자동화	Robotic Process Automation
• 사람에 의한 수행 활동 • 작업 수행을 위해 서드파티 툴 사용 • 자동화 작업 수행 시 상시 임직원의 조율 및 관리 필요 • 작업 간 사람의 중재 필요 • 스크립트 언어 사용	• 외주화된 소프트웨어 로봇에 의한 수행 • 로봇 자동화 소프트웨어 사용 • 자동화 작업 수행 중 에러 발생 시에만 임직원 관리 필요 • 소프트웨어 로봇에 의한 작업 관리 • 그래픽 관리 툴 사용

표 1-1 〈전통적인 자동화와 RPA 비교〉

전통적인 워크플로우(Workflow) 자동화 도구에서 작업 목록을 생성하기 위해서는 다음과 같은 작업을 합니다. 전문적인 지식을 가진 소프트웨어 개발자가 내부 응용 프로그래밍 인터페이스(API) 또는, 전용 스크립트 언어를 사용하여 유관 부서의 업무를 자동화하고, 전산 시스템에 작업 목록을 생성합니다.

이에 반해, RPA는 인간처럼 PC의 응용 프로그램 화면을 확인하고, 조작할 수 있는 소프트웨어 로봇에 의해 운영됩니다. 소프트웨어 로봇은 전통적인 프로그램 언어로 구축되는 것이 아니라 그래픽 유저 인터페이스(GUI)를 통해 사전에 설정된 실행 순서에 따라 동작합니다.

RPA의 목표는 프로그래밍 기반의 자동화를 통해 IT 지식이 적은 실무 부서 직원의 직접적인 조작으로 업무 자동화를 구축하는 것입니다. 따라서, RPA 솔루션의 개발, 발전 목표는 실무 부서 직원이 간단한 조작으로 소프트웨어 로봇을 구축하고, 최소화된 교육을 통해 운영할 수 있도록 하는 것입니다.

그림 1-9 〈RPA의 목표〉

이러한 개념은 두 가지 큰 의미가 있습니다.

첫째, 사무 자동화 관련 업무가 실무 부서의 셀프서비스로 가능합니다. 실무 부서와 IT 부서 간 업무 협의, 요청, 소프트웨어 개발, 인수 소통에는 많은 시간과 비용이 소요되며, 핵심이 되는 소프트웨어 개발을 제외하더라도 요구 사항을 파악하고 재확인하는 것과 같은 부가적인 작업에도 큰 노력이 들어갑니다. 사무 자동화의 자체 수행을 통해 실무 부서는 더 높은 자율성을 가지게 되고, RPA를 사용하면서 보다 창의적인 아이디어 생산에 투자하여, 실적 향상을 만들 수 있습니다.

둘째로, 회사의 고급 IT 기술 자원이 ERP 시스템, BPM 시스템, 기업 IT 시스템 구축과 운영 같은 전략적이고 핵심적인 업무에 집중할 수 있습니다. ERP 시스템, BPM 시스템의 도입과 운영은 통상적인 업무에 큰 변화를 가져오기 때문에 기업의 중장기 계획에 따라 노력하고 집중해야 큰 효과를 얻을 수 있습니다. 실무 부서의 잦은 변경 요청과 IT 부서의 부가적인 지원은 중요 프로젝트의 성공률을 낮추는 요인이 됩니다. 이러한 비효율성을 피하기 위해서는 IT 부서가 진행하고 있는 프로젝트에 집중할 수 있는 환경이 매우 중요합니다. RPA는 이를 해결하기 위한 좋은 솔루션이 됩니다.

이러한 장점과 함께 RPA는 쉽고 빠르게 도입할 수 있습니다. 때문에, 기존의 자동화 사업에 대한 좋은 보완 수단으로 사용될 수 있고, 업무 운영의 효율성 · 품질 · 비용의 개선할 수 있습니다.

RPA는 고용에 어떤 영향이 있을까?

RPA를 도입하려면 가장 예민하게 반응하는 그룹이 기존에 근무하는 임직원입니다. 업무 변화의 불확실성과 함께 고용 안정성에 대한 우려를 함께 하게 됩니다. 또한, 아주 근거 없는 걱정도 아니기 때문에 RPA 도입 이전에 회사와 임직원이 함께 목적과 비전을 공유하고 올바른 방향을 정하는 것이 중요합니다. 이 단원에서는 RPA 도입으로 인한 고용의 영향에 관해서 알아보겠습니다.

RPA 도입 시 간혹 임직원의 반발이 있는 경우가 있습니다. 이는 RPA의 도입이 일자리의 감소 혹은 임직원의 수입 감소로 이어질 것에 대한 우려 때문이고, 근거가 전혀 없는 이야기는 아닙니다. 하지만, 하버드 비즈니스 리뷰(Harvard Business Review)의 보고서에 따르면, RPA의 채택이 회사에서 직원들의 해고로 이어지지 않는다고 합니다. 대신에, 노동자는 더 흥미로운 업무에 재배치될 수 있으며, 이를 경험한 지식 근로자는 자동화에 대한 위협을 느끼지 않는다는 학술 연구가 진행되었습니다. 이들은 로봇을 자신들의 업무를 지원하는 팀 동료로 보았으며 이는 가상 지식 노동자의 개념과 일치하는 것을 알 수 있습니다. RPA가 지식 노동자의 생산성과 만족도를 높이고, 일자리 감소와 고용의 질을 침해하지 않는다고 보고 있습니다.

반대로 가트너에서 발표한 2014년 예측에서는 RPA가 BPO(Business Process Outsourcing, 업무처리 아웃소싱) 산업에 위협이 된다고 주장했습니다. 이 예측에서 RPA가 신기술의 지원을 통해 아웃소싱 되었던 업무 프로세스를 내부의 데이터 센터로 '송환'할 수 있다는 것입니다. 이는 내부 데이터 센터 업무의 지역적 통합 및 IT 하드웨어, 데이터 센터 관리 등의 관련 업무와 공급망의 통합을 가져옵니다. 또, 이 지역에 있는 숙련된 프로세스 설계자와 개발자 등 고가의 소수의 일자리를 창출하지만, 아웃소싱 되었던 다수 근로자의 일자리는 줄어들 것이라는 견해도 있습니다.

Source : Deloitte LLP−Automate this The business leader's guide to robotic and intelligent automation, 2015

어떤 업무에 RPA를 도입할 것인가?

RPA를 도입하기로 했다면, 어떤 업무부터 도입해야 할지를 결정해야 합니다. RPA를 도입할 때, 먼저 고려해야 할 사항은 RPA 솔루션에 대한 학습 비용, 도입 기간과 효과입니다. 비용을 최소화하고 효과를 극대화하기 위해서 어떤 업무부터 RPA를 도입할 것인가에 관해 알아보겠습니다.

RPA의 도입은 기존 업무 프로세스에 변화를 주기 때문에 임직원과 회사에 큰 영향을 끼치게 됩니다. 또, 결과를 보기 전에 어느 정도의 효과를 볼 수 있는지도 측정이 되지 않는 경우가 많습니다. 이는 회사 경영에 불확실한 요소로 남게 됩니다. 때문에, RPA 대상이 되는 업무는 반복적이며, 규칙이 정해져 있고, 예외 사항이 적은 업무부터 도입하는 것이 좋습니다. 이러한 업무는 RPA를 비교적 빠르게 도입할 수 있고, 그 결과를 손쉽게 측정할 수 있습니다.

그림 1-10 〈RPA의 도입 전략〉

성공확률이 높고 자동화로 인한 효과가 좋은 업무부터 도입하는 것이 좋습니다. 쉬운 업무부터 도입하여 노하우가 쌓이면, 로봇이나 모듈의 재활용을 통해 복잡한 업무도 구축할 수 있게 됩니다. 예를 들어, 경영지원팀에서 매달 엑셀로 정리하는 자료가 좋은 대상이 될 것입니다. 부서에서 집행하는 경비처리가 될 수도 있고, 재무제표 작성을 위한 영업이윤이 될 수도 있을 것입니다. 이렇게 매달 임직원이 반복적으로 처리하던 업무를 RPA를 통해 처리하면, 손쉽게 효과를 얻을 수 있고, RPA의 학습과 함께 어떻게 RPA를 우리 회사에 잘 활용할지에 대한 아이디어도 얻을 수 있습니다.

| RPA의 미래, 얼마나 밝은가? |

맥킨지 보고서에 따르면 RPA는 2025년까지 약 6.7조 달러의 시장 규모를 이룰 것으로 예상하였습니다. 다양한 평가 및 통계를 종합해보면 RPA는 효율적인 비즈니스를 위해 디펙토(De facto, 산업계 표준)가 예상되는 최고의 IT 솔루션이 될 것입니다. 미래에는 RPA가 광범위한 사무업무에 자동화를 선도하여 사람이 직접 업무를 보는 분야를 줄여나갈 것으로 보입니다.

시장조사기관 MRFR(Market Research Future)은 많은 산업에서 RPA의 혜택을 받으리라 예측하며, 2017~2023년 사이에 평균적으로 29%의 시장 성장을 할 것으로 보고 있습니다.

최근에는 인공지능, 인지 기술과 RPA가 접목되어 4차 산업의 한 축을 이룰 것으로 예상됩니다.

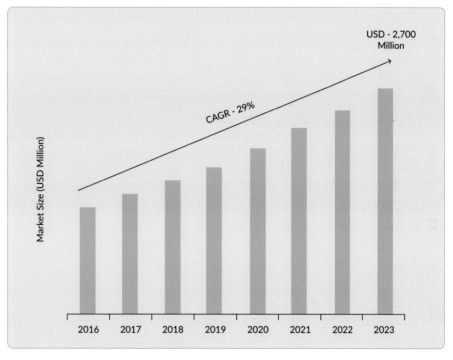

그림 1-11 〈맥킨지 전망 RPA 시장 성장률〉
(출처: https://www.skcript.com/automation/rpa-history-growth-and-future/)

| 후지 필름 홀딩스 주식회사 |

그림 1-12 〈후지 필름 회사 로고〉 (출처: https://www.fujifilmholdings.com, https://fujifilm.jp)

1 회사 개요

후지 필름 그룹은 사진 필름을 핵심 사업으로 시작하였습니다. 이를 기반으로 사진 기술의 노하우를 오랜 세월 축적하고, 응용 및 활용을 통해 다양한 사업을 전개하고 있습니다. 주력사업은 이미징 솔루션, 의료 & 머티리얼 솔루션, 문서 솔루션 3가지입니다. 2019년 1월 20일 창립 85년을 맞이한 오랜 역사를 가진 회사입니다. 하지만, 급변하는 IT 변화 속에 새로운 가치를 창출하기 위해 'Value from Innovation'을 기업 슬로건으로 내걸고 전사적으로 개혁에 나서고 있습니다. 그 개혁의 핵심으로, 후지 필름은 2017년 10월에 디지털 혁명 위원회를 설립하고, 그룹 전체의 디지털 전환을 위한 업무 개혁을 추진하고 있습니다. 디지털 혁명 위원회는 IT를 활용한 제품, 서비스 혁신, 경영지원업무 혁신을 위한 전사적 활동을 하고 있습니다.

2 도전 과제

후지 필름 그룹의 IT 부서는 2016년 말까지 AI, IoT 등의 최신 IT의 활용 가능성을 평가했습니다. 다양한 IT 도구를 기술적으로 검토한 결과, 경영지원 업무를 효율화하기 위해 RPA가 가장 잘 활용될수 있을 것으로 평가되었습니다. 또, 때를 같이하여 경영기획본부 내 회계 부서에서도 업무 효율화방법의 하나로 RPA가 검토되고 있었습니다. 그 결과, 2017년 1월부터 3월까지 회계 부서에 관해파일럿 프로젝트로 회사 차원의 RPA의 실증 실험을 시행하였습니다.

3 솔루션

RPA의 도구 선정은 기존의 ERP와 잘 융합되는지를 중점적으로 검토하였습니다. 당시 ERP 입출력 작업에 대한 부하가 컸고, ERP 업무에 참여하는 사용자가 많았기 때문이었습니다. 그 외에도 글로벌에서의 대응력과 도입 실적, 도입 후 운영 지원 체제 등 다양한 관점을 비교 검토하여, 로봇 생성과 개발 용이성 등을 포함한 종합 평가에서 UiPath를 채택하였습니다.

파일럿 프로젝트로 실증 실험을 진행하였던 회계 부서는 ERP를 사용한 업무가 특히 많았습니다. 현재 UiPath를 사용한 RPA의 프로세스 개발은 회계 부서에서 자체적으로 실시하고 있습니다. 파일럿 실험 결과 UiPath는 프로그래밍에 익숙하지 않은 회계 부서에서도 ERP와의 융합이 잘 된다는 장점이 있었습니다. 또, UiPath의 리코딩 기능으로 개발의 많은 부분을 전문 지식 없이 커버할 수 있었습니다.

실증 실험을 거쳐 후지 필름은 RPA를 활용하여 대상 업무의 70%를 효율화하는 계획을 세웠습니다. 이를 목표로 후지 필름은 2017년 4월부터 UiPath를 전사적으로 본격 도입하였습니다.

4 도입 결과

RPA 도입을 위한 파일럿 프로젝트에서 많은 시행착오를 겪었습니다. 그 결과 BPR(Business Process Reengineering, 업무 과정 재설계)의 중요성이 대두되었습니다. 이는 단순히 RPA를 도입하는 것뿐 아니라, 기존의 업무 프로세스에 대한 개선을 뜻하는 것입니다.

후지 필름 그룹은 회계 부서를 비롯해 그룹의 서비스를 공유하고 있는 급여, 인사, 구매 업무 등의 분야에 RPA를 도입하였습니다. 효과가 높은 업무에 우선순위를 정하고, RPA 프로젝트를 진행하였습니다. 본격 도입이 시작된 2017년 4월부터 9월까지 반년 동안 전사적으로 로봇 개발의 생산성 향상, RPA 도입의 가속화, RPA 유지 관리 · 안정적인 운영을 동시 진행하였습니다. 하지만, 처음 접하는 새로운 분야에 대한 많은 시행착오가 반복되었습니다.

그 시행착오 속에서 성과를 이루지 못한 프로젝트도 상당수 있었습니다. 현재의 업무를 단순히 RPA로 전환해서는 제한적인 효과밖에 얻을 수 없었던 것입니다. 이를 피하기 위해서는 현재의 업무수행 방식과 업무 프로세스를 검토하고 RPA를 전제로 한 프로세스에 최적화가 사전에 필요했습니다.

RPA의 도입 효과를 더 높이기 위해서, BPR과 RPA 활용을 함께 진행할 필요가 있었습니다. 후지 필름은 이를 위해 2018년 2월에 Robotic Innovation실을 새로 만들었습니다. Robotic Innovation 실에서는 RPA의 활용과 함께 다양한 IT를 적재적소에 도입하는 것을 추진하였습니다. Robotic Innovation실은 RPA를 유일한 솔루션이 아닌 여러 도구 중 하나로 보고, 업무에 따라 Excel 매크로로 충분한 경우 이를 추천하기도 하였습니다. 또한, IT 도구의 도입이 아니라 역할과 체제를 바꾸는 것만으로 문제를 해결하는 경우도 있었습니다. RPA 활용 이전에 현재의 업무를 시각화하여 Why, What, How가 명확해져야만 최적의 도구를 찾을 수 있다고 보았습니다.

5 향후 전망 : 비IT 부서 주도로 업무 개혁을 추진할 수 있는 구조 만들기

회계 부서는 모든 인원이 RPA를 개발하고 사용하는 것을 단기 · 중장기 목표로 세웠습니다. 분기 별로 단계적으로 교육 프로그램을 운영 · 확충하고 전 인원이 1년에 한 번은 반드시 RPA 개발을 하도록 했습니다. 또, 반복적이고 단순한 업무는 RPA에 맡기고 더 부가가치가 높은 업무에 더 많은 시간을 할애하도록 했습니다.

이후 후지 필름은 회계 부서가 IT 부서를 거치지 않고 사용자 부문이 주도하는 RPA 활용을 모범 사례로 선정하고, 업무 효율화 노력을 전사적으로 넓혀 가고 있습니다. 기존에 IT 도구를 도입하고 활용할 때는 IT 부서의 지원에 의존하고 비즈니스 요구와 과제에 대한 신속 대응, 유연한 적용이 어려운 문제가 있었습니다. 그 때문에 사용자 부문이 주도하고 개발할 수 있는 RPA는 매우 효과적인 솔루션입니다. 또, 사용자 자신이 RPA를 개발하고 지속해서 사용하여 참여 의식과 더불어 애착과 책임감도 함께 생겼습니다.

RPA를 도입함으로써 업무를 명확히 가시화할 수 있으므로, 당장 RPA 자동화가 되어 있지 않은 프로세스에도 앞으로 다양한 IT 도구를 도입할 가능성이 커졌습니다. 후지 필름은 앞으로 AI(Artificial Intelligence, 인공지능)와 BI(Business Intelligence, 비즈니스 인텔리전스)를 결합하여 업무 프로세스를 자동화 · 효율화하는 계획을 세우고 있습니다.

02장

RPA 시장은
얼마나 성장하고 있나?

RPA가 대세라고 하는데. 이번 장에서는 RPA의 글로벌 마켓 상황과 트렌드. 그리고 미래의 전망을 통해 얼마나 상장하는지를 알아보겠습니다.

글로벌 마켓 전망

HFS에서 발표한 RPA 시장 전망에 따르면, RPA 시장은 매년 20% 이상 성장하고 있으며, 2019년에는 23억 달러 (2.5조 원)의 시장 규모를 이룰 것으로 보고 있습니다. 이는 RPA가 폭발적으로 성장하고 있는 IT 분야 중 하나임을 확인할 수 있습니다.

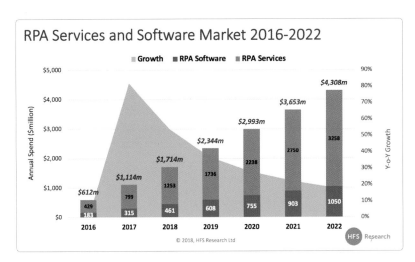

그림 2-1 〈HFS 전망 RPA 서비스 및 시장 전망〉
(출처: https://www.horsesforsources.com/RPA-forecast-2016-2022_120118)

특히 주목할 점은 미국, 유럽, 일본과 같은 선진국에서 RPA의 도입이 활발하게 이루어지고 있는 것입니다. 그중 한국과 유사한 업무환경을 보이는 일본의 사례를 통해 우리나라에서 RPA의 전망을 예측할 수 있습니다.

일본의 RPA 도입 트렌드

일본은 고령화와 개발도상국에 비해 높은 사무노동 임금 등 한국과 유사한 비즈니스 환경을 가지고 있습니다. 이 때문에 RPA 도입에 매우 적극적입니다. 우리는 일본의 앞선 사례를 통해 시행착오를 줄이고, 효과적으로 RPA를 도입할 수 있습니다. 그럼, 일본의 RPA 도입 트렌드에 관해 알아보겠습니다.

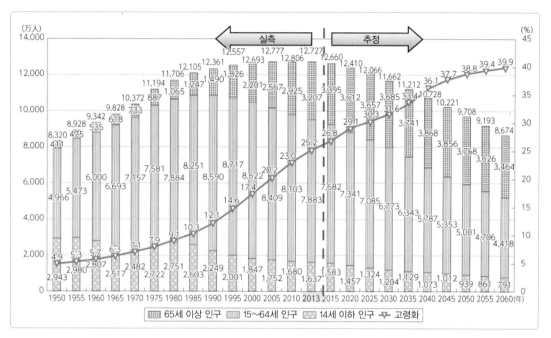

그림 2-2 〈일본의 인구 그래프〉

(출처: http://www.soumu.go.jp/johotsusintokei/whitepaper/ja/h26/html/nc141210.html)

일본의 고령화 전망은 2060년에 일본 국민의 약 2.5명 중 1명이 65세 이상 노인이 될 것이며, 이는 세계에서도 유례없는 초고령화 사회를 예상합니다. 총인구는 2005년부터 감소하기 시작했고, 생산 연령 인구로 분류되는 15세 이상 65세 미만의 인구는 이미 1990년대를 정점으로 지속해서 감소하고 있습니다. 이 때문에, 일본 기업은 전례 없는 구인난을 겪고 있습니다. 새롭게 공급되는 취업 인력과 외국인 노동자의 수용으로는 이러한 어려움을 해결할 수 없었습니다. 이러한 일손 부족을 신속하게 보완하기 위해 일본의 기업은 RPA를 적극적으로 도입하는 추세입니다.

일본에서도 이미 공장 생산 라인은 노동력을 보조하는 자원으로 IT와 로봇의 도입이 활발히 진행되고 있습니다. RPA는 그 범위를 화이트칼라 업무로 확대할 수 있게 도와줍니다. RPA는 금융, 상사, 서비스, 유통, 소매, 인프라, 제조, 부동산, 정부 등 다양한 분야에서 자동화·효율화를 얻을 수 있는 IT 기술입니다.

한국에서의 전망

RPA 도입 시 가장 중요한 요인 중 하나는 한국에서의 시장 전망일 것입니다. 만일 경쟁기업이 한발 먼저 RPA 도입을 진행하고 있다면, 이 또한 경영 리스크 중 하나로 볼 수 있습니다. 이 단원에서는 한국에서 RPA의 시장 전망과 도입의 필요성에 관해서 알아보겠습니다.

한국의 RPA 시장은 일본과 일부 유사한 점과 다른 점이 존재합니다. 한국도 향후에 급격한 고령화 사회가 될 것이며, 2018년부터 생산가능인구가 이미 줄어들고 있습니다. 하지만, 이러한 추세는 일본과 비교해 10년 정도 후행하고 있어 당장의 문제가 아니라고 할 수도 있습니다.

하지만, 2019년부터 본격 도입되기 시작한 주 52시간 근로제도는 산업계의 주요한 이슈입니다. 한국은 OECD 기준 연간 노동 시간이 가장 높은 국가 중 하나였고, 이를 주 52시간 근무제 도입으로 완화해보고자 했습니다. 주 52시간 근로제도는 초과 근무 등으로 기존의 처리하던 업무량을 같은 인력으로 주 52시간 안에 모두 해결해야만 현 상태를 유지할 수 있음을 의미합니다.

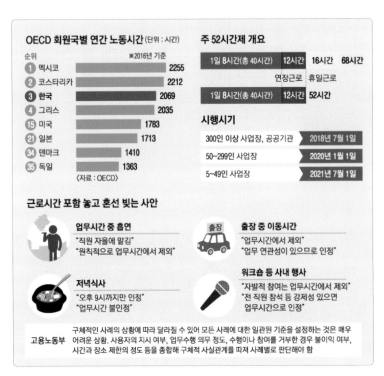

그림 2-3 〈한국의 노동 이슈〉 (출처: https://www.seoul.co.kr/news/newsView.php?id=20180609008002)

만일, 회사에서 기존의 인력으로 같은 생산성을 유지할 수 없다면, 추가적인 인력 채용이 이루어져야 합니다. 이는 추가적인 비용 발생과 회사의 수익률 하락으로 연결됩니다. 이를 막기 위한 대안으로 RPA를 도입하여 노동생산성을 높이는 것이 적극적으로 검토되고 있습니다.

〈 OECD 주요국 노동생산성 순위 〉

(2016년 기준)

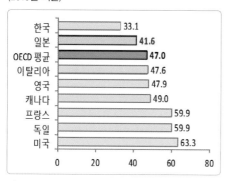

자료: OECD
주: 시간당 GDP, 2010년 ppp 기준 달러.
   2016년은 추정치.

그림 2-4 〈한국의 노동생산성〉

(출처: https://www.yna.co.kr/view/AKR20180210034300002)

〈그림 2-4〉는 OECD 각국의 노동생산성을 보여줍니다. 한국은 OECD 주요국 중 노동생산성 측면에서 최하위이며, 개선할 수 있는 여지가 많아 보입니다. 다만, 경제 환경의 차이로 인해 구인난보다는 구직난, 실업률에 관심이 집중되고 있어 RPA에 도입에 대한 관심은 2~3년 정도 일본과 비교해 뒤처진 경향을 보입니다. 하지만, 경쟁국인 일본에서 노동생산성 개선을 위해 RPA를 적극적으로 도입하는 것을 고려하면 한국도 이를 더 늦출 수 있는 문제가 아닙니다.

뉴스홈 | 최신기사

현대硏 "日 생산성 개선 박차...한국도 시급한 상황"

송고시간 | 2018-02-11 11:00

| 일본 노동생산성 OECD 평균보다 12% 낮지만, 한국보다는 높아

(서울=연합뉴스) 최윤정 기자 = 일본 정부가 노동력 부족 문제 해결과 경제 선순환 고리 형성을 위해 생산성 개선에 박차를 가하는 가운데 한국도 대책 마련이 시급하다는 지적이 나왔다.

그림 2-5 〈일본의 노동생산성에 대한 연합뉴스 기사〉

(출처: https://www.yna.co.kr/view/AKR20180210034300002)

인공지능과 RPA 트렌드

요즘 인공지능과 자율주행차에 대한 관심은 정말 뜨겁습니다. 여러 산업 분야에서 인공지능 기술을 도입하기 위한 시도가 계속되고 있습니다. 그중 가장 빠르고 확실하게 성장하고 있는 분야 중 하나가 RPA 시장입니다.

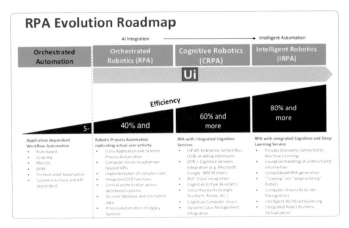

그림 2-6 〈UiPath에서 발표한 RPA 개선 로드맵〉 (출처: manishbhartiuipath-180430065714.pdf 6페이지)

UiPath에서 발표한 RPA 개선 로드맵을 보면, 인공지능 기술이 접목될수록 RPA의 효율은 증가하는 것을 확인할 수 있습니다. 이 로드맵을 자세히 살펴보면, 기본적인 RPA의 기능에서 현재 인지 로보틱스 기술을 의미하는 Cognitive RPA로 발전해 가고 있습니다. 다음 단계에서 인공지능 기술을 접목한 Intelligent RPA로 진행되는 것을 볼 수 있습니다.

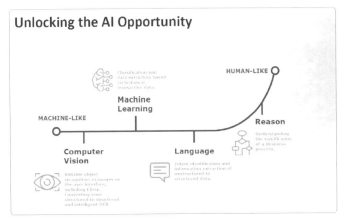

그림 2-7 〈RPA와 AI의 접목 방향〉 (출처: https://www.slideshare.net/nasscom/gcc-conclave-2018-beyond-traditional-automation-manish-bharti-country-sales-leader-uipath 8페이지)

사무환경에 인공지능 기술 도입이 진행될수록 RPA는 진정한 디지털 노동자의 개념에 도달하게 되고, 현재 사람이 담당하는 복잡한 업무와 판단이 필요한 영역까지 나가게 될 것입니다.

┃ RPA 용어 ┃

RPA를 학습하다 보면 생소한 용어들이 등장합니다. RPA에서 새롭게 도입된 개념도 있지만, 시장을 이끄는 주요 업체마다 각자의 특성을 나타내기 위해 같은 의미지만 다른 단어를 선택할 때도 있습니다. 대표적인 예로, 디지털 로봇과 RPA 로봇이 있습니다. 두 용어는 클라이언트에서 실행되는 프로그램을 의미하지만, 업체별로 다른 단어를 선택해서 사용하고 있습니다. 〈표 2–1〉에서는 이렇게 사용되는 RPA 용어들을 설명하였습니다.

RPA 용어	설명
업무 프로세스, 비즈니스 프로세스	RPA가 자동화하는 업무 진행 과정 예 AS 문의 접수 콜센터 → AS 고객 요청 접수 → 고객 정보 입력 → AS 기사 스케줄 추가 → AS 기사 방문 및 처리 → 결과 보고 및 입력
디지털 로봇, RPA 로봇, RPA 봇	RPA 솔루션이 실행하거나 관리하는 클라이언트 소프트웨어로 자료 수집, 자동 입력, 자동 분류 같은 실질적인 업무를 수행하는 프로그램입니다.
디지털 노동자	RPA 솔루션이 사람의 업무를 대체하거나 임직원과 같이 협업을 하는 수준에 다다른 개념입니다.
오케스트레이터	RPA 로봇 또는, 프로그램을 관리하는 매니저 프로그램을 의미합니다.
봇 스토어	애플의 앱 스토어 같이 RPA 관련 라이브러리, 모듈, RPA 봇 등을 선택, 구입할 수 있습니다. 봇을 추가할수록 필요한 기능이 업그레이드됩니다.

표 2–1 〈RPA 용어와 설명〉

| 지멘스(Blue Prism 도입 사례) |

SIEMENS

그림 2-8 〈지멘스 기업 로고〉 (출처: https://www.plm.automation.siemens.com/global/en/)

① 회사 개요

지멘스는 뛰어난 엔지니어링, 혁신, 품질, 신뢰성을 기업 정신으로 170년 이상의 역사를 가진 글로벌 기술 기업입니다. 전력 관련 자동화 및 디지털화 분야를 중심으로 전 세계에서 사업을 전개하고 있습니다. 2018년 9월 말 현재 지멘스의 전 세계 직원 수는 약 379,000명입니다.

유럽 최대의 업체인 지멘스에게 가장 중요한 핵심은 혁신입니다. 디지털 혁신의 목적으로 지멘스는 RPA를 비롯한 기술을 도입하고, 항상 초심으로 혁신을 추진하고 있습니다. 이 중에서 Blue Prism의 연결된 RPA(Connected-RPA)를 활용해 세계 각지의 사업 부문을 위한 '전문 RPA 서비스'를 제공하고 있는 사례를 소개합니다.

지멘스의 글로벌 RPA 서비스는 공용 서비스 부서와 IT 부서가 공동으로 협업하여 개발했습니다. 이 서비스는 최신의 지능형 자동화 기술을 활용하여 디지털 RPA 로봇에 인지 기능을 도입했습니다. 이를 통해 각 사업 부문은 실무 프로세스에 진정한 효율성 향상과 품질 향상을 실현할 수 있었습니다.

이러한 지멘스의 혁신에 대한 노력은 업계에 널리 알려졌습니다. 최근 에베레스트 그룹의 조사에서는 RPA 도입으로 최고의 효과를 얻은 기업 중 하나로 선정되었고, 'CIO 100 Awards 2018'을 수상하기도 하였습니다.

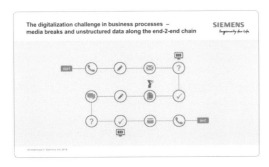

그림 2-9 〈지멘스의 비즈니스 로직 순서도〉
(출처: https://www.slideshare.net/katiyarsaurabh/how-siemens-is-leveraging-blue-prism-cognitive-technologies-to-drive-rpa-innovation)

② RPA도입 및 배포

2017년 10월에 전 세계 지멘스 지사와 사무실에서 이용할 수 있는 '전문 RPA 서비스'를 시작하였습니다. 우선 50명의 전문가로 이루어진 글로벌 거점 전문가 혁신조직(CoE, Center of Excellence)을 설립했습니다. 현재, 이 조직은 자동화 대상 프로세스의 우선순위를 조정하고, 유럽, 남미, 인도 세 개의 거점을 통해 RPA 서비스를 배포, 제공하고 있습니다. 전문가 혁신 조직은 모든 거점의 RPA 서비스 프레임워크 및 기준을 정의하고 모니터링합니다. 그 활동에는 서비스의 제공, 품질 보증 및 정보 보안 등이 포함됩니다.

③ RPA의 심화

이후 전문가 혁신조직은 '업계 최고'의 인텔리전트 RPA 프로젝트를 추진했습니다. 주요 과제는 '실무조직에서 지원조직까지 사내 전 분야를 광범위하게 커버하는 관리 시스템에서 비정형 데이터가 포함된 업무 프로세스를 어떻게 자동화할 것인가?'이었습니다. 이를 해결하기 위해서 RPA의 디지털 로봇을 더욱 발전시킬 필요가 있었습니다. 그래서 개방형 에코 시스템을 구축하고, RPA 지능형 자동화 기술과 연동하도록 하였습니다.

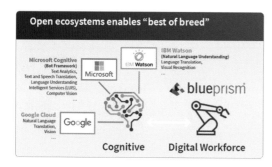

그림 2-9 〈지멘스의 비즈니스 로직 순서도〉
(출처: https://www.slideshare.net/katiyarsaurabh/how-siemens-is-leveraging-blue-prism-cognitive-technologies-to-drive-rpa-innovation)

이 기술 생태계는 자연 언어 이해를 위해 IBM Watson, 자연 언어 번역을 위해 Google Cloud 채팅 봇 프레임워크와 Microsoft의 오케스트레이션, 그리고 Blue Prism의 RPA 플랫폼을 포함하였습니다. 이 기술들을 활용하여 지멘스의 디지털 RPA 로봇은 다음의 다섯 가지 중요한 '인지' 기술을 수행했습니다.

- 규칙 기반의 반복 작업 수행
- 입력 데이터의 수집, 검증, 라우팅
- 입력 데이터의 분류 및 해석
- 관계자와의 상호 작용 및 오케스트레이션
- 데이터 분석 및 예측

4 RPA 운영

이러한 인지 기술의 도입은 고객 서비스를 제공하는 데 있어서 중요한 의미가 있습니다. 지능형 디지털 RPA 로봇이 1차 서비스를 제공하고, 더 복잡한 문제와 요구 사항이 발생하면 인간에게 예외 처리를 의뢰할 수 있기 때문입니다.

업무 프로세스를 자동화한 예로는 내부 인력과 외부 공급 업체의 청구 지급을 조회, 관리한 사례가 있습니다. 지멘스는 통합된 채팅 RPA 로봇을 활용하여 실시간 ERP, 워크플로우 데이터, 청구 상태 확인과 조회를 자동화하였습니다. 인지 기능을 가진 디지털 RPA 로봇이 업무와 관련된 조회 및 채팅이 들어오면 그 의도를 이해합니다. 또, 백엔드 시스템에서 실시간 상태를 조회하여 필요한 정보를 정리하고 최종 사용자에게 답변을 보냅니다. 만일 해결할 수 없는 문제를 만난 경우에는 서비스 에이전트에게 질의서를 발송합니다. 이러한 자동화를 통해 인적 부하를 대폭으로 줄였고, 24시간 연중무휴 상시 대응으로 더욱 신속한 응답도 가능하게 되었습니다.

5 성과

지멘스는 50개의 업무 프로세스에 관해 80,000시간 분량의 작업을 자동화했습니다. Blue Prism 의 학습 단계를 거쳐 1년이 지나지 않아 자동화의 규모를 확대하였고, 지난해는 또한 170개의 업무 프로세스를 자동화하여 280,000시간 이상을 절약했습니다. 이러한 자동화를 통해 비용 절감, 품질 향상, 대응의 신속화와 같은 중요한 성과를 얻었습니다.

03장 운영 형태에 따른 RPA의 구분

사무환경에 따라 회사 조직은 다양한 형태를 갖추게 됩니다. RPA도 그러한 회사 조직에 맞춰 다양한 운영 형태로 구성할 수 있습니다. 이번 장에서는 운영의 형태에 따라 RPA를 어떻게 구분하는지 알아보겠습니다.

데스크톱 RPA

RPA는 그 운영 형태에 따라 데스크톱형, 서버-클라이언트형, 클라우드형 또는, 분산 서버 RPA로 구분될 수 있습니다.

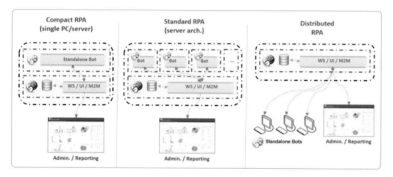

그림 3-1 〈RPA 운영 방법에 따른 구분〉 (출처: https://contextor.eu/en/products/contextor-standalone-bot/)

데스크톱 RPA는 콤팩트형 RPA 또는, RDA(Robotic Desktop Automation)라고도 불립니다. 1대의 데스크톱 PC에서만 실행되며 각각의 PC를 대상으로 할당된 관련 업무 자동화합니다. 1대의 PC에 도입되기 때문에 특정 PC에서 행하고 있는 단순 작업의 자동화가 가능합니다. 1대의 물리적 한계를 극복하기 위해 가상화머신(VM)을 설치하여 운영하기도 합니다.

그림 3-2 〈데스크톱 RPA 특징〉

데스크톱 RPA는 각 PC의 업무 수준에 맞춰 자동화할 수 있습니다. 이는 특정 PC에 한정해서 자동화를 진행하기 때문에 RPA 도입의 업무 자동화가 복잡하지 않습니다. 또, 각 PC에 한정해서 도입되기 때문에 전사적으로 관리가 필요 없고, 담당자 수준에서 RPA를 관리할 수 있습니다.

또한 각 PC에서 자동화 작업에 한정되지만, 자동화하려는 업무의 결과를 보내거나 입력 데이터를 전송받는 등 다양한 시스템과의 연계도 가능합니다. 마지막으로, 단 1대의 PC에도 배치될 수 있으므로 부서 및 개인 단위의 소규모 도입이 용이합니다. 데스크톱 RPA는 초기 도입 비용과 유지 보수, 운영 비용이 서버형 RPA에 비해 비교적 저렴하여, 쉽게 도입할 수 있고, 작은 규모로 시작할 수 있습니다.

데스크톱 RPA 도입 시 주의사항
데스크톱 RPA는 서버형 RPA에 비해 상대적으로 저렴하므로 쉽게 도입을 검토할 수 있습니다. 하지만 확장성을 고려하지 않고 도입한다면, 이후 확장된 RPA가 필요할 때 중복 투자가 발생하거나 처음부터 다시 프로젝트를 시작해야 할 수 있습니다. 중장기적으로 데스크톱 RPA가 서버형 RPA로 전환이 필요한지 등을 포함하여 검토해야 합니다.

서버형 RPA

서버형 RPA는 서버에서 로봇을 실행하고 관리하여 업무를 자동화합니다. 대량의 데이터와 규칙을 모두 서버에서 관리하고 규모를 확장할 수 있습니다.

그림 3-3 〈서버형 RPA 특징〉

서버형 RPA는 서버에서 RPA 운영 로봇(또는, 디지털 노동자라고 부르기도 합니다)을 실행하기 위한 규칙과 각종 데이터 등을 서버에서 일괄 관리할 수 있습니다. RPA 서버는 필요한 데이터를 저장하고, RPA 운영 로봇을 규칙대로 움직이게 하고, 다양한 업무를 자동화할 수 있습니다. 또한 전체 RPA 운영 로봇의 상태를 모니터링하고 스케줄링할 수 있습니다.

서버형 RPA는 1대의 서버 PC에서 여러 개의 RPA 로봇을 동시에 실행시킬 수 있습니다. 여러 개의 RPA 로봇을 동시에 실행할 수 있으므로 데스크톱 RPA에 큰 효과를 얻을 수 있습니다.

서버형 RPA는 클라우드 및 가상화를 지원하는 다양한 RPA 도구가 있으므로 높은 확장성을 가지고 자동화를 추진해 나갈 수 있습니다. 그러나 데스크톱 RPA에 비해 초기 비용이 많이 드는 단점이 있습니다.

클라우드형 RPA

클라우드형 RPA는 클라우드 환경에 RPA 로봇을 도입하여 웹 브라우저상에서 업무를 자동화하는 솔루션입니다.

클라우드형 RPA는 주요 자동화 업무 범위가 웹 브라우저상 작업을 목표로 하기 때문에 클라우드 서비스 이외 업무와의 연계에 제약이 있지만, RPA 서비스를 사용한 만큼만 비용을 지불하기 때문에 도입 가격이 저렴한 장점이 있습니다. 주요 업무가 클라우드 기반의 서비스에서 이루어지고 자동화하고자 한다면 클라우드형 RPA를 추천합니다.

그림 3-4 〈클라우드형 RPA 특징〉

앞서 언급한 대로 상대적으로 도입 비용을 저렴하게 줄일 수 있으므로, 클라우드형 RPA는 대규모 예산을 투입하기 어려운 소규모 기업에서도 쉽게 검토할 수 있습니다.

클라우드형 RPA는 단순 작업한 업무를 웹 브라우저상에서 현장의 담당자가 직접 자동화할 수 있습니다. 이 때문에 도입의 효과를 빠르게 확인할 수 있습니다.

협업 로봇(Attended Robot)과 무인 로봇(Unattended Robot)의 구분

이번 단원에서는 협업 로봇과 무인 로봇의 차이점에 관해서 알아보겠습니다.

협업 로봇과 무인 로봇은 RPA 로봇이 어떠한 업무 프로세스를 담당하는지에 따라 구분됩니다. 협업 로봇은 사람의 업무를 보조해주는 역할을 하고, 무인 로봇은 사람의 도움 없이 정해진 규칙에 따라 스스로 실행되는 것을 의미합니다.

협업 로봇(Attended Robot)

• 사람의 판단이 필요할 때
• 업무 보조를 통해 사람의 업무 효율화

무인 로봇(Unattended Robot)

• 사람의 도움 없이 단독 실행

그림 3-5 〈협업 로봇과 무인 로봇의 구분〉

담당 업무가 사람의 판단이 필요하거나 예외 사항이 많이 있는 경우에 RPA 로봇이 단독으로 실행되기는 어렵습니다. 하지만, 이러한 경우에도 RPA 로봇이 사람의 업무를 보조함으로써 그 효율을 높일 수 있습니다. 이와 같이 동작하는 로봇을 협업 로봇(Attended Robot)이라고 합니다. 협업 로봇은 업무 프로세스에서 사람이 직접 하는 경우 시간이 오래 걸리고, 단순 반복적인 부분을 처리하여 업무의 효율성을 높여줍니다.

이에 반해 예외 사항이 적고 업무가 단순할 경우 로봇 혼자서 모든 업무를 수행할 수 있습니다. 이처럼 동작하는 로봇을 무인 로봇(Unattended Robot)이라고 합니다.

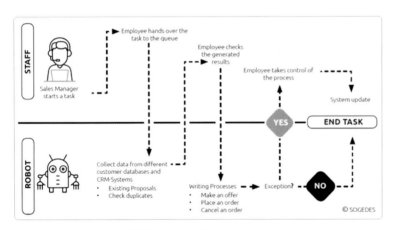

그림 3-6 〈협업형 RPA를 활용한 업무 프로세스 순서도〉
(출처: https://medium.com/@PierreCol/attended-on-desktops-unattended-on-servers-rpa-is-a-continuum-42b2b5a0afd2)

위 그림은 사람과 협업 로봇이 함께 업무를 수행하는 프로세스를 보여줍니다. 복잡한 프로세스를 가진 업무일수록 협업 로봇의 활용도 증가합니다.

| 인지 로봇과 인공지능 로봇 |

RPA 솔루션에도 인공지능 기술 도입이 활발하게 이루어지고 있습니다. 하지만, 인공지능 기술이 바로 도입되는 것이 아니라 단계를 밟고 있습니다. 그 중간 단계가 인지 로봇인데 용어와 개념이 혼동을 줄 수 있어서 그 개념을 설명합니다.

인공지능
RPA 로봇

인지
RPA 로봇

RPA
자동화

그림 3-7 ⟨RPA의 인공지능 발전 방향⟩

인지 로봇(Computer Vision RPA)	인공지능 로봇(AI RPA)
PC의 화면이나 이미지 파일, PDF 파일 등을 판독하여 정보를 추출하는 기능을 가진 RPA 로봇입니다. 기존에 소프트웨어에서 읽기 힘들었던, 필기체, 영상 파일, 음성 파일들을 판독하고 구조적인 데이터로 구성하는 일을 합니다.	기존의 RPA가 처리하지 못했던, 에러 상황에 대한 대처를 하고, 축적된 데이터로부터 새로운 트렌드와 효율적인 방법을 찾아 업무를 수행합니다. 일반적으로 생각하는 인공지능과 같은 개념입니다.

표 3-1 ⟨인지 로봇과 인공지능 로봇의 비교⟩

코카콜라(Blue Prism 도입 사례)

그림 3-8 〈코카콜라 기업 로고〉 (출처: https://www.facebook.com/cocacolaaustria/)

1 회사 개요

코카콜라는 세계 최대의 음료 회사이며, 가장 가치 있는 글로벌 브랜드 중 하나입니다. 코카콜라는 130년이라는 긴 역사를 가지고 200개 국가에서 500개 이상의 브랜드를 보유하고 있습니다. 현재도 2억 명의 고객이 매일 19억 개의 제품을 소비하고 있습니다.

2 업무 프로세스의 효율성 개선

코카콜라의 인사 및 재무 공유 서비스 부문은 Blue Prism의 디지털 RPA 로봇을 이용하여 업무 능력을 최적화하였습니다. 이를 통해 인원을 늘리지 않고 8시간 근무체제에서 24시간 운영체제로 전환을 실현했습니다.

기존 직원은 시간적 여유가 생기고, 더 가치 있는 업무에 집중할 수 있게 되었습니다. 또한, 고객 경험을 향상하기 위한 여력도 확보할 수 있었습니다.

지난 몇 년 동안 코카콜라는 인사 및 재무 서비스 관련 조직과 고객지원센터의 통합을 추진해 왔습니다. 이 다기능 비즈니스 서비스 부문은 현재 코카콜라의 북미 프랜차이즈 자회사인 코카콜라 Refreshments사에 서비스를 제공하고 있으며, 코카콜라의 업무 운영에 주로 집중되고 있습니다.

한편, 코카콜라는 지속적인 혁신의 문화를 가지고, 다음의 3가지 목표를 항상 달성하려 했습니다.

- 고객 조직 중심으로 인사 프로세스와 전략을 실행한다.
- 급여 프로세스 및 인사 업무 프로세스를 신속하고 정확하게 완료하고, 모범 사례를 통해 지속해서 개선한다.
- 직원의 요청을 중시하고 양질의 서비스를 제공한다.

이러한 목표를 해결하기 위해, 코카콜라는 우선 Blue Prism의 RPA 플랫폼을 사용하여 인사와 재무 프로세스의 자동화에 착수했습니다. 이와 함께 다른 부문에서도 RPA 도입에 적합한 프로세스가 있는지 검토했습니다.

Driving Digital
Transformation at
Coca-Cola with the Blue
Prism Digital Workforce
Platform

Learn how Coca-Cola embarked on their RPA
journey and their broader automation plans.

그림 3-9 〈코카콜라와 Blue Prism 자동화 플랜〉
(출처: https://www.blueprism.com/resources/blog/coca-cola-reinventing-hr-as-a-strategic-business-partner/)

3 프로세스의 선정

코카콜라는 자동화에 적합한 프로세스의 후보를 선정하고, 자동화의 도입 순서를 정하고자 했습니다. 이를 위해 인사 프로세스의 대부분을 담당하고 있는 주요 담당자와 상담 처리 건수, 처리 빈도, 미해결 횟수 등을 조사했습니다. 이러한 항목을 기준으로 후보를 검토하여, 실현 가능성이 가장 큰 프로세스, 위험이 가장 큰 프로세스, 이와 연관된 직원의 수를 확인했습니다. 또한 각 과정에 관련된 모든 정보를 한 곳에 집약하고 신뢰할 수 있는 자료를 만들었습니다. 이를 통해 약 85%의 인사 과정을 도식, 문서화하여 온라인 저장소에 기록했습니다. 이러한 활동으로 150개의 업무 프로세스를 선정하였고, 얼마나 자동화할 수 있는지를 파악할 수 있었습니다.

프로세스 선정 팁

1. 적절한 질문 : 처리 건수, 처리 빈도
2. 프로세스 후보 평가 : 실행 가능성, 위험 수준, 관계 직원 수
3. 자동화하기 전에 프로세스의 계획표를 작성

4 해결 과제 : 인사 감사

최근 몇 년간 인사 서비스 팀은 코카콜라 자회사인 코카콜라 Refreshments사의 인사 과정을 감사하고 있었습니다. 하지만, 회사의 프랜차이즈 환경이 변화하여, 글로벌 인사 서비스팀은 8개의 서로 다른 규격의 문서와 데이터를 감사해야 했습니다. 이는 코카콜라 Refreshments의 인사 문서를 검토하고, 생성된 시기에 맞춰 그 문서 형식을 정리했습니다. 또, 문서 내 각 항목의 예외 사항과 이상 사례가 있는지 항상 확인해야 했습니다. 만일, 데이터 불일치 문제가 발견되면 수작업으로 문제를 해결했습니다.

5 솔루션

이러한 문제점을 해결하고자 코카콜라의 인사 그룹은 현재 Blue Prism의 디지털 RPA 로봇을 활용하였습니다. RPA를 통해 기존의 인사 감사 프로세스를 디지털화하고 최종 데이터를 SAP에 저장하였습니다. 변경된 50종류의 감사 프로세스는 SAP 시스템을 통해 다양한 방법으로 사용할 수 있게 되었습니다. 자동화를 통해 많은 시간이 절약되고, 기존 방식과 달리 결과 데이터에 집중할 수 있게 되었습니다. 그 결과 인사 감사 보고서를 언제든지 생성해서 담당자에게 직접 전송할 수 있었고, 필요에 따라 수동으로 예외 처리할 수 있었습니다.

또 관리 시스템에서 생성된 보고서에 대한 정보를 확인하고, 보고서를 보내거나 전송받은 시간을 추적할 수 있었습니다. 이러한 서비스는 기존의 수동 프로세스에서는 불가능했습니다. Blue Prism 디지털 RPA 로봇을 활용하여, 인력을 늘리지 않고 업무의 증가에 대처할 수 있을 뿐만 아니라 항상 정확한 결과를 얻을 수 있었습니다.

코카콜라는 Blue Prism에서 운영되는 디지털 RPA 로봇으로 인해 노동생산성이 증가하고 8시간 근무체제에서 24시간 운영체제 서비스가 가능해졌습니다. 또, 수작업으로 진행하던 부분 샘플링 검수를 폐지하고, 전수 검사를 하여 인사 감사 데이터의 정확도와 정밀도 향상을 얻을 수 있었습니다. 이는 모든 업무 트랜잭션을 확인하여 100%의 데이터를 감사할 수 있었기 때문입니다.

6 도입 결과

RPA 도입으로 인해 실무 임직원은 더 가치 있고 보람 있는 업무에 집중할 수 있게 되었습니다. 또, 고객 만족도를 향상시키기 위한 여력도 확보할 수 있었습니다. 인사 감사 보고서가 추적 가능해지면서 임직원들의 규칙 준수가 개선된 것도 성과 중 하나입니다. 또한, 데이터의 질이 향상되어 더 좋은 데이터를 얻고, 새로운 아이디어를 얻을 수 있었습니다.

- 매일 16시간의 운영 시간 증가
- 인원을 늘리지 않고 8배 이상의 업무를 처리
- 부분 샘플링 감사에서 100% 전수 데이터 감사로 전환
- 혁신을 통해 직원의 경력 개발을 촉진
- 인적 서비스를 늘림으로써 고객 만족도를 향상

7 향후 계획

한번 전환된 디지털 RPA 로봇의 업무가 다시 예전의 수작업으로 돌아가는 경우는 없습니다. 따라서, 기존의 근무자가 새로운 업무와 기술을 학습하고, 더 많은 프로세스를 자동화하는 것이 코카콜라의 새로운 트렌드가 되었습니다. 이를 효율적으로 지원하기 위해 인사팀은 RPA 교육과정을 신설하고, 임직원 교육을 진행하였습니다.

이를 계속 발전시켜 향후에는 더 많은 업무를 자동화하고, 임직원들을 가치 분석과 같은 고급 직무로 이동시킬 계획입니다. 코카콜라는 RPA뿐 아니라 새로 생길 업무를 대비해 향후 필요한 기술도 함께 교육하고 있습니다. 각 임직원은 자신의 희망에 따라 RPA 또는 고급 직무 교육을 받고, 관련 업무에 종사할 수 있습니다.

코카콜라는 임직원이 혁신의 최첨단에 서서 창의성을 발휘하기를 원합니다. 임직원들이 항상 새로운 것에 도전하고, 실패에서 교훈을 얻고, 이를 통해 성공할 기회를 얻기를 원합니다. RPA는 이러한 환경을 조성하기 위한 출발점으로 고려되고 있으며 직원들도 이러한 변화를 환영하고 있습니다.

04장 UiPath, Blue Prism, Automation Anywhere 비교

RPA 시장에 많은 RPA 제품이 있지만(그림 4-1), 현재는 3개의 대표적인 솔루션이 주도하고 있습니다. 이번 장에서는 가장 대표적인 RPA 솔루션인 UiPath, Blue Prism, Automation Anywhere에 관해 알아보고 그 장단점을 비교 분석해보겠습니다.

대표적인 RPA 프로그램의 이해

RPA 시장에 많은 RPA 제품이 있지만(그림 4-1), 현재는 3개의 대표적인 솔루션이 주도하고 있습니다. 여기서는 여러 가지 대표적인 RPA 솔루션인 UiPath, Blue Prism, Automation Anywhere에 관해 알아보고 그 장단점을 비교 분석해보겠습니다.

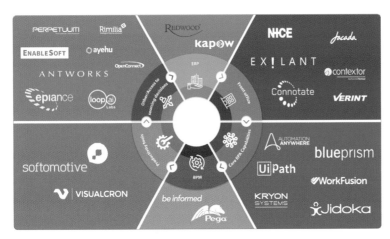

그림 4-1 〈RPA 시장의 모든 솔루션들〉
(출처: https://www.hopetutors.com/blog/rpa/top-10-robotic-process-automation-tools-in-2019/)

3가지 솔루션의 전반적인 특징

RPA를 주도하고 있는 3가지 솔루션은 각자 다른 특징을 가지고 있습니다. 각 솔루션의 특징을 이해하면 기업의 상황에 맞춰 적합한 솔루션을 사용할 수 있을 것입니다. 이 단원에서는 전반적인 특징에 관해서 알아보겠습니다.

UiPath는 시장의 저변을 확장하는 데 집중하고 있고, 그 인기가 점진적인 상승세에 있습니다. 이에 반해 Automation Anywhere와 Blue Prism은 전문적인 비즈니스 환경에 더욱 집중하는 경향을 보입니다.

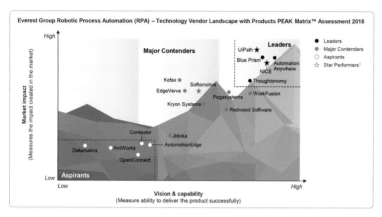

그림 4-2 〈Everest RPA PEAK Matrix 2018 Report〉
(출처: https://www.uipath.com/company/rpa-analyst-reports/everest-rpa-peak-matrix-2018)

세 가지 RPA 솔루션은 각각의 장단점이 있고, 사용자는 항상 어떤 솔루션을 선택하는 것이 좋을지에 대한 딜레마가 있습니다. 이 장에서는 비즈니스 환경에서 따라 어떤 솔루션이 장점이 있는지 자세히 다뤄보겠습니다.

■ **UiPath**(https://www.uipath.com/)

그림 4-3 〈UiPath 솔루션 로고〉 (출처: https://www.uipath.com/)

UiPath는 최근 가장 주목받고 있는 RPA 솔루션입니다. 반복적인 작업을 자동화하고, RPA 운영에서 사람에 의한 관리 제거를 목표로 합니다. 간편한 GUI 환경을 제공하여 드래그 앤 드롭 기능으로 사용할 수 있습니다. RPA 도입 전에 60일간의 평가판을 사용하여 테스트해 볼 수 있고, 대부분의 스튜디오 기능을 지원하는 평생 무료의 커뮤니티 버전도 지원합니다.

■ **Blue Prism**(https://www.blueprism.com/)

그림 4-4 〈Blue Prism 솔루션 로고〉 (출처: https://www.blueprism.com/)

Blue Prism은 2001년에 시작되어 RPA 시장에서 오랜 노하우를 가지고 있습니다. Blue Prism 은 RPA 운영과 도입에 하향식 방법론을 따르고 있습니다. 이 솔루션은 소프트웨어 로봇에 의해 실행되는 가상 업무를 지원하며, 신속하고 비용 절감을 위한 기업 업무 자동화를 지원합니다. 비 즈니스 환경에서 다른 솔루션에 비해 상대적으로 안정적이며 좋은 확장성이 장점입니다.

이 툴은 C# 언어 기반의 드래그 앤 드롭 기능을 통한 비주얼 디자이너를 제공합니다. 이 비주얼 디자이너 툴은 리코딩, 스크립트, 추가적인 관리 등이 필요 없는 자동화를 제공합니다.

■ **Automation Anywhere**(https://www.automationanywhere.com/)

그림 4-5 〈Automation Anywhere 솔루션 로고〉 (출처: https://www.automationanywhere.com/)

Automation Anywhere는 유저의 확장성, 보안, 항시 서비스를 지향하는 RPA 솔루션입니다. 이 솔루션은 최근에 커뮤니티 버전을 최근에 출시하여, 기업 서비스의 도입 전에 자동화 작업 솔 루션을 먼저 경험할 수 있습니다.

Automation Anywhere는 이 기종 플랫폼에서도 기업의 요구를 통합 확장할 수 있어 더욱 나은 효율성을 제공합니다. 이는 다양한 환경에서 진행되는 기업 업무에서 복잡한 이슈들을 해결하기 위한 목적으로 설계되었습니다.

■ **라이선스 비교**

다음은 3가지 솔루션에 관해 시험적으로 사용할 수 있는 라이선스에 관해 살펴보겠습니다.

그림 4-6 〈3가지 솔루션의 라이선스 비교〉

UiPath는 60일의 가장 긴 기간의 평가판 라이선스를 제공합니다. 또한, 개인 개발자, 오픈 소스 프로젝트, 학계 연구, 학습, 작은 팀을 위한 평생 무료 커뮤니티판도 제공합니다. 커뮤니티판은 전화와 이메일을 통한 고객서비스는 받을 수 없지만, 기본적인 기능을 시간적인 제약 없이 사용할 수 있습니다. 또한, 비디오 튜토리얼, 가이드와 커뮤니티 포럼을 통해 다양한 정보를 얻을 수 있습니다.

https://www.uipath.com/developers/community-edition-download

Automation Anywhere는 30일의 평가판 라이선스를 제공하며, 소규모 사업, 개발자, 학생을 위한 커뮤니티 버전 또한 제공합니다.

https://www.automationanywhere.com/lp/rpa-editions-comparison

Blue Prism은 유료 라이선스만 제공합니다.

■ **시장 점유율**

솔루션을 선택하는 가장 중요한 척도 중 하나가 시장 점유율입니다. 하지만, 각 회사가 정확한 점유율이나 수치를 공개하지 않고, 각자가 시장을 주도하고 있다고 주장하고 있습니다. 시장 관계자가 유추하기를 아직 확연한 격차 없이 시장을 3등분하고 있다고 생각되고 있습니다.

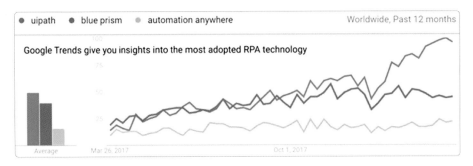

그림 4-7 〈구글의 RPA 검색어 트렌드〉 (출처: https://www.quora.com/Which-tool-has-a-high-demand-in-RPA-currently)

다만, 각 제품의 시장 점유율을 정확히 보여주는 수치는 없으나, 구글 검색 통계를 통해 그 인기도를 간접적으로 유추할 수 있습니다. 현재 UiPath가 가장 높은 인기를 끌고 있으며, Blue Prism이 Automation Anywhere보다 약간 높은 인지도를 가진 것을 알 수 있습니다. 주의할 점은 검색 통계가 제품의 매출 순위를 의미하는 것은 아니라는 점입니다.

기반 기술

다음은 각 솔루션의 핵심이 되는 기반 기술에 관해 알아보겠습니다.

그림 4-8 〈RPA 솔루션 기반 기술〉

UiPath는 SharePoint, Kibana, Elasticsearch를 기반으로 개발되었습니다. 이를 통해 빠르게 기능이 확장되는 웹 기반 기술을 유연하게 솔루션에 적용할 수 있습니다. Blue Prism은 C# 언어로 개발되었습니다. 이는 마이크로소프트에서 제공하는 C#의 기능(SQL Server, MS Office 등)을 안정적으로 사용할 수 있는 기반이 되어, 운영 확장성을 높일 수 있어 대형 프로젝트에 적합합니다. Automation Anywhere 또한 마이크로소프트 기술을 기반으로 제작하였다고 알려져 있습니다.

솔루션의 기본 구조

이 3가지 RPA 솔루션은 클라이언트 서버(Client Server)구조와 웹 기반 구조로 나눌 수 있습니다.

그림 4-9 〈RPA 솔루션의 구조〉

Blue Prism과 Automation Anywhere는 클라이언트 서버 구조를 이루고 있습니다. 이는 사용자 업무를 처리하는 여러 대의 로봇이 하나의 컨트롤 서버를 통해 관리되는 것을 말합니다.

오케스트레이터(Orchestrator)는 다수의 인프라가 하나의 서비스를 제공하는데 상호 조화롭게 운용될 수 있도록 관리하는 기술입니다. UiPath는 웹 기반 오케스트레이터 구조로 되어 있는데, 이는 여러 가지 웹 기반 기술을 이용하여 RPA 서비스를 운영합니다.

그림 4-10 〈UiPath 오케스트레이터 화면〉
(출처: https://discourse.skcript.com/t/beginners-guide-to-uipath-studio-orchestrator-reframework/2056)

업무 프로세스 설계

다음은 자동화의 기본 단위가 되는 업무 프로세스의 설계 방법에 관해 비교해보겠습니다.

그림 4-11 〈RPA 업무 프로세스 설계 방법〉

RPA 디자이너는 업무 프로세스 설계를 위해 사용하는 툴입니다. UiPath에서 제공하는 디자이너는 드래그 앤 드롭 기능을 기반으로 가장 사용자 친화적이라고 알려져 있습니다. Blue Prism도 드래그 앤 드롭을 지원하며, 사용하기 쉽다고 알려져 있습니다. 이에 비해, Automation Anywhere는 다양한 스크립트를 사용할 수 있어, 개발자가 더 많은 확장성과 자유도를 얻을 수 있습니다.

필요한 프로그래밍 기술

고급 RPA 프로그래밍을 위해서는 프로그래밍 기술을 배워야 합니다. 다음은 각 RPA 솔루션에서 필요로하는 프로그래밍 기술입니다.

UiPath	Blue Prism	Automation Anywhere
• 코딩 기술 불필요	• 비즈니스 객체 관리를 위해 필요함	• 액티비티 사용을 위해 필요함

그림 4-12 〈RPA 프로그래밍 기술〉

UiPath의 또 다른 장점은 RPA를 위해 높은 코딩 기술이 필요 없다는 점입니다. 이에 반해, Blue Prism 비즈니스 객체 관리를 위해, Automation Anywhere는 액티비티 사용을 위해 어느 정도 프로그래밍 기술이 필요합니다.

솔루션 접근성

다음은 각 기업에서 솔루션을 구축하였을 때, 사용자가 프로그램에 접근하는 방식에 관해 알아보겠습니다.

응용 프로그램 기반
• Blue Prism

모바일과 웹 브라우저 접근
• UiPath
• Automation Anywhere

그림 4-13 〈솔루션 접근 방법〉

현재 Blue Prism은 주로 응용 프로그램을 통한 접근합니다. 하지만, Automation Anywhere와 UiPath는 모바일 웹 또는 웹 브라우저를 통한 접근도 허용하는 유연성을 가지고 있습니다.

그림 4-14 〈UiPath 오케스트레이터 모바일앱〉 (출처: https://www.uipath.com/blog/uipath-orchestrator-mobile-app)

업무 프로세스의 재사용성

RPA 솔루션을 통해 업무 프로세스를 개발하면, 이를 재사용하여 다른 업무에 적용하거나 기본에 되는 라이브러리나 템플릿에서부터 프로세스 개발을 시작하는 것이 큰 이슈입니다. 이번에는 솔루션별로 이를 재사용하는 방법에 관해 알아보겠습니다.

UiPath	Blue Prism	Automation Anywhere
• 프로젝트의 그룹화 및 재사용	• 라이브러리 재사용 가능	• 블록 단위 생산 및 재사용

그림 4-15 〈업무 프로세스 재사용 방법〉

UiPath는 구현한 프로세스를 프로젝트 단위 또는 모듈 단위를 그룹화하여 재사용할 수 있습니다. 기존에 만들었던 프로젝트 또는 모듈을 이용하여 다른 프로젝트를 생성할 수 있습니다. Blue Prism 은 기본적으로 제공되는 라이브러리를 통해 새로운 프로세스를 생성하거나 기존의 프로세스를 변경할 때 사용할 수 있습니다. Automation Anywhere는 블록 단위로 작업을 만들고, 스마트 어댑터 기능을 이용하여 업무 프로세스를 개발할 때 재사용할 수 있습니다.

UI 리코딩

리코딩은 사용자가 업무를 수행하는 UI 동작을 리코딩하여, RPA 솔루션이 반복적으로 수행하는 프로세스를 생성할 때 유용하게 사용하는 기능입니다. 사용자의 동작을 드래그 앤 드롭이나 스크립트로 일일이 지정하는 것보다 리코딩을 통해 동작을 입력하는 것이 더욱 편리합니다.

그림 4-16 〈UI 리코딩 지원 여부〉

리코딩 기능은 입문자가 손쉽게 프로세스를 작성할 수 있도록 도와줍니다. 사용자가 RPA 솔루션에 익숙해질수록 리코딩 기능의 사용 빈도가 줄어드는 경향을 보입니다. 하지만, 입문단계에서는 리코딩 기능이 아주 유용할 수 있습니다. UiPath와 Automation Anywhere는 이러한 리코딩 기능을 지원하지만, Blue Prism은 리코딩 기능을 지원하지 않습니다.

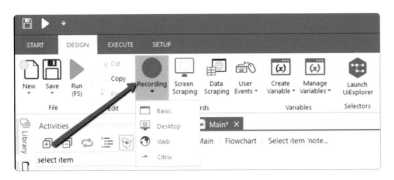

그림 4-17 〈UiPath의 리코딩 UI〉 (출처: https://docs.uipath.com/studio/v2017.1/docs/about-recording-types)

솔루션의 운영 확장성

다음은 각 솔루션별로 운영 확장성에 관해서 알아보겠습니다. 운영 확장성은 회사 규모 또는, 업무의 크기에 따라 RPA 솔루션이 얼마나 커버할 수 있는지 의미합니다.

그림 4-18 〈솔루션 운영 확장성〉

UiPath는 중형 이상의 프로젝트에서 약간의 제약이 있다고 알려져 있습니다. 운영 확장성 면에서는 Blue Prism이 가장 높은 속도와 운영성능을 보여줍니다. Automation Anywhere는 대형 스케일에서 로봇을 배포하고 운영하는 점에서 약간의 한계를 보여줍니다.

자격증 또는, 교육 수료증

세 업체 모두 RPA 솔루션에 대한 교육 프로그램을 제공하고, 이를 완료했을 때 교육 수료증을 제공합니다. 또 제품에 대한 시험을 실시하고 자격증을 취득할 수 있습니다.

그림 4-19 〈교육 및 자격증 프로그램〉

각 업체는 운영에서 약간의 차이점을 보여줍니다. UiPath는 무료 아카데미와 같은 온라인 교육 프로그램을 지원하고, 자격증 프로그램도 제공합니다. Blue Prism과 Automation Anywhere 모두 공식 자격증을 지원합니다. Automation Anywhere는 자격증을 위해 50불의 비용을 지불해야 합니다.

그림 4-20 〈Automation Anywhere 자격증〉 (출처: https://www.kausalvikash.in/automation-anywhere-training-pune/)

그림 4-21 〈UiPath 교육 수료증〉 (출처: https://www.igmguru.com/machine-learning-ai/rpa-uipath-certification-training/)

| Genpact(Automation Anywhere 도입 사례) |

그림 4-22 〈Genpact 기업 로고〉 (출처: https://www.automationanywhere.co.kr/customers/case-studies)

1 Genpact 회사와 관련 고객의 개요

Genpact는 GE(General Electric, 제너럴일렉트릭)에서 분사, 독립하여 뉴욕에 설립된 회사입니다. 이 회사는 기업의 업무 프로세스를 혁신하고 최적화와 실천 방안 수립을 도와주는 서비스 제공자입니다. 이번 적용 사례는 Genpact가 고객의 비효율적인 업무 프로세스를 개선한 사례입니다.

Genpact는 다양한 분야의 고객에게 업무 개선 서비스를 제공하고 있습니다. 이번 사례는 물류 운송 서비스 제공업체가 Genpact에 의뢰한 고객의 운송 서비스 요청과 처리에 관한 프로세스 개선에 관한 내용입니다.

2 해결 과제

Genpact의 고객사는 트럭의 주행 거리 분석과 계약에 관한 적절한 처리 능력의 향상을 원했습니다. 이 고객의 물류 처리 과정은 대부분의 데이터를 입력했고 수동으로, 수작업으로 인한 오류가 자주 발생했습니다. 또 이렇게 발생한 문제의 해결 노력과 미래의 생산성 향상을 위한 개선 활동도 없었습니다. Genpact는 Automation Anywhere와 제휴하여 추적 시스템의 오류를 줄이고 트럭의 운행 경향을 추적하였고, 문제가 많은 업무 프로세스를 자동화했습니다.

3 솔루션

Automation Anywhere와 Genpact 전문가들은 기존의 업무 과정을 평가하고 2개의 부분으로 구분했습니다. 그중 하나는 자동화 로봇이 스스로 처리하는 부분이고, 다른 한 부분은 사람의 도움과 개입이 필요한 부분입니다. 또, 자동화를 위한 추가적인 데이터를 수집하기 위해, 기존의 사내 시스템을 활용하여 트럭의 코스를 추적하고 마일리지를 추출했습니다. 이 데이터를 계산하고 규칙을 적용하여 비효율성 및 부정확한 청구 사례를 줄이는 자동 프로세스를 만들었습니다. 이와 함께 사용자 패턴의 경향을 파악하기 위한 패턴 인식 도구도 만들었습니다. 이 패턴 인식 도구는 계약 위반 사항을 탐지하고, 그 경향을 추적하는 동시에 업무 생산성과 처리 속도를 향상했습니다.

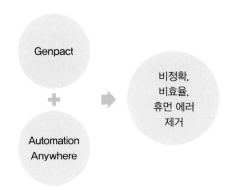

Genpact

Automation
Anywhere

비정확,
비효율,
휴먼 에러
제거

그림 4-23 〈Genpact와 Automation Anywhere의 프로젝트 목표〉

4 솔루션

이렇게 도입된 RPA 솔루션은 운송 회사에서 비용 청구서를 작성하기 위해 주행 거리 데이터를 사용하여 공회전상태와 트럭이 운행되는 상태를 예측하였습니다. RPA 도입 이전에 이 과정은 수작업으로 이루어졌고, 사람에 의한 실수로 오류가 자주 발생했습니다. Automation Anywhere의 도입으로 고객의 기존 시스템에서 트럭의 주행 거리 정보가 자동으로 추출되고, 더 빠르고 정확한 청구서가 자동 생성되었습니다.

자동화 솔루션의 도입 전에는 기존 시스템에서 장거리 주행 때마다 트럭의 위치를 운전자가 일일이 보고했습니다. 트럭이 매일 주행한 거리를 보고하는 목적이었기 때문에, 쉬는 날에 운행하지 않았고, 대기 상태면 보고서에는 표시되지 않아 미흡한 점이 있었습니다. 새로운 RPA 솔루션은 소프트웨어가 주행 거리 데이터를 더욱더 세세하게 시간 단위로 자동 보고했습니다. 또 이 소프트웨어는 정기적으로 트럭이 이동하고 있는지 정지하고 있는지를 식별하고 그 경향도 추적하였습니다. 이는 트럭 운전자가 계약 사항을 위반하는 패턴을 알아내기 위해 필요했습니다. 이렇게 계약 사항을 위반했을 경우, 운전자에게 즉시 문제를 해결하도록 연락을 보냈습니다.

축적된 주행 거리 데이터에서 유용한 트렌드를 확인하기 위해 추가로 자동화 추세 분석 도구 솔루션이 도입되었습니다. 이 솔루션은 고장 수리 등의 우발적인 사건에 관해 추가로 주행 데이터 보고서에 작성하였습니다. 예를 들어, 트럭의 주행 거리가 적거나 유휴 상태인 것으로 보고된 경우에 트럭이 수리를 위해 유휴 상태에 있는지를 자동으로 판별할 수 있습니다. 이를 통해 비즈니스 인텔리전스 및 사용 트렌드가 분석되었고, 경영자의 의사 결정을 위해 필요한 정보가 제공되었습니다.

5 성과 및 향후 전망

그림 4-24 〈Genpact 프로젝트 성과〉

(출처: https://www.automationanywhere.com/images/casestudy/Genpact_picture_perfect.pdf)

Genpact는 이 프로젝트를 위해 약 7주 동안 솔루션을 구현하였습니다. 이 RPA 프로젝트를 통해 고객사는 30%의 생산성 향상과 0%의 에러, 25%의 비용 절감과 트랜잭션 속도의 증가를 얻을 수 있었습니다.

Genpact와 Automation Anywhere의 노하우를 통해 근본적인 프로세스를 재구축해 고객사에 큰 가치를 제공했습니다. Genpact는 계속 고객과 협력하고 각종 프로세스를 관리하여 다양한 분야의 비즈니스 자동화를 확대해 나가고 있습니다.

05장 UiPath의 특징

UiPath는 지능형 소프트웨어 자동화를 통해 반복 작업을 완전히 제거하는 것을 목표로 합니다. 이는 사람의 업무를 보다 창의적이고 흥미롭게 해줍니다. UiPath는 신속하게 로봇 인력을 개발할 수 있도록 최첨단 기술을 제공하여, 사업을 보다 효율적으로 자동화할 수 있게 도와줍니다.

UiPath RPA 기업용 플랫폼

UiPath는 다품종 소량 업무에 대한 자동화를 현실로 만들기 위해 혁신적인 제품과 우수한 기술을 제공합니다. 이를 통해 RPA 업계 내에서 리더 포지션으로 자리매김하고 있습니다. 더 짧은 제품 출시 사이클을 위한 경쟁력을 제공하고, 안정적인 업무 자동화 환경 구축을 위한 다양한 기능을 지원합니다.

■ UiPath RPA 플랫폼 아키텍처

UiPath의 플랫폼은 스튜디오(Studio), 오케스트레이터(Orchestrator), 로봇(Robot) 3가지로 구성되어 있습니다. 이번 장에서는 이 3가지 제품들에 대해 자세히 알아보겠습니다.

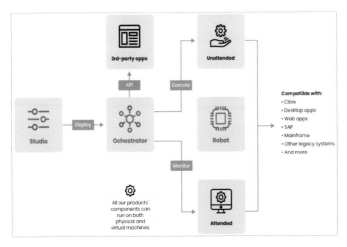

그림 5-1 〈UiPath RPA 플랫폼 구성도〉 (출처: https://www.devsamurai.com/en/products-uipath/)

■ UiPath 제품의 특징

UiPath 제품은 신속성, 유연성, 민첩성, 높은 수준의 보안성을 가지고 있습니다. 〈그림 5-2〉는 UiPath 제품의 특징을 보여주고 있습니다.

폭넓은 활용
• 모든 환경의 다양한 프로세스를 자동화

신속성
• 빠르고 확실하게 실행

유연성
• 적은 IT 투자로 더 많은 업무를 수행

민첩성
• 어떠한 변화에도 대응하고 자동화를 확장

보안
• 기업을 위한 강력한 보안 제공

그림 5-2 〈UiPath 제품의 특징〉

■ UiPath Studio에 의한 단기간의 개발 및 도입

a) 조작이 쉬운 개발 도구

UiPath는 업계에서 가장 직관적으로 조작할 수 있고, 풍부한 기능을 갖춘 자동화 개발 환경을 제공합니다. 단순한 워크플로우는 '드래그 앤 드롭'하거나 레코더를 통해 구현할 수 있습니다. 레코딩을 사용하여 일상적인 작업을 자연스럽게 기록하고 자동으로 재생할 수 있습니다.

b) 유연한 확장성

UiPath 도구는 아주 복잡한 절차도 자동화할 수 있는 확장 가능한 개방형 도구입니다. 템플릿이 포함된 풍부한 라이브러리로 자동화를 편안하고 효율적으로 구축할 수 있습니다. IT 전문가가 아니라도 누구나 업무 프로세스 작업을 설계할 수 있습니다.

■ 폭넓고 안정적으로 수행할 UiPath 로봇

a) 컴퓨터 비전 기술

다양한 응용 프로그램, 사용자 인터페이스, 프로세스의 자동화 전 분야에 컴퓨터 이미지 인식 기술을 적용하였습니다.

b) 탁월한 Citrix 자동화

컴퓨터 비전 기술을 통해 매우 복잡한 응용 프로그램에도 Citrix 또는 원격 데스크톱으로 액세스하고 빠르게 자동화합니다.

c) 고급 컨트롤과 유연성

UiPath 로봇은 사용자의 관리하에 높은 유연성을 발휘합니다. 미리 설정된 일정에 따라 UiPath 로봇은 원하는 때에, 원하는 시간만큼 정확하게 실행됩니다.

d) 모든 비즈니스에 대응

최첨단 기술과 업계 표준을 결합하여 UiPath는 고객의 기존 애플리케이션에 맞춰 RPA 기능을 적용할 수 있습니다.

■ UiPath 오케스트레이터에서 폭넓은 확장과 유연한 운영

a) 클라우드 및 상시 배포

UiPath는 RPA를 통해 수익을 극대화할 수 있도록 24시간 내내 디지털 노동자를 관리하고, 자동화된 업무 프로세스를 전 세계에서 실행할 수 있습니다.

b) 전사적 생산성 향상

업계 표준의 개방형, 확장성 플랫폼은 최소한의 운영 비용과 IT 자원의 효과적인 활용으로 고객의 자동화를 새로운 수준으로 끌어올릴 수 있습니다.

c) 강력한 거버넌스

기업의 핵심 업무를 중심으로 취급하여 거버넌스 및 컴플라이언스를 강화합니다.

d) 최고 수준의 보안

UiPath는 보안의 약화 없이 세계적으로 배포할 수 있습니다. 보안 규칙의 변경 없이 UiPath 자동화 솔루션은 잠긴 화면에서도 실행됩니다.

■ 강력한 분석으로 실시간 통계 및 예측

실시간 통계와 트렌드 예측은 현명한 비즈니스 판단의 핵심입니다. UiPath는 기업의 상태를 항상 확인하고 효율화의 기회를 전략적으로 파악하도록 돕습니다. 각 로봇이 수행하는 모든 작업, 각 사용자의 결정 및 변경은 실시간으로 추적 서버에 통합하여 기록됩니다. 이를 통해 프로세스 실행 및 운영 통계에 대한 완벽한 가시성을 확보할 수 있습니다.

UiPath는 Elasticsearch의 모니터링 기술과 Kibana 솔루션의 데이터 처리 기술로 상세한 사용자 시각화를 제공합니다. 개별화된 시각적인 대시보드는 작업의 요구 사항에 따라 별도로 적용됩니다.

■ 최고 품질의 인지 기능

UiPath 플랫폼은 최종 사용자의 요구에 맞게 확장, 발전 시켜 나갈 수 있도록 설계되었습니다. 유연한 아키텍처는 Google, Microsoft, IBM 및 ABBYY의 인지 OCR 서비스 등 전문적인 기능과 완벽하게 통합되었습니다.

지능형 자동화를 통해 언어 감지, 비정형 데이터의 추출, 감정 분석 기능을 제공합니다. UiPath 로봇은 항상 실시간으로 학습합니다. 로봇은 언어의 의미, 의사와 감정을 분석하고 이를 학습하여 복잡한 의사 결정을 할 수 있게 진화합니다.

■ UiPath 제품 시리즈

다음은 UiPath 솔루션을 구성하고 있는 제품들에 대해서 알아보겠습니다.

그림 5-3 〈UiPath 제품 시리즈〉 (출처: http://pt-ngw.com/index.php?option=com_content&view=article&id=67&Itemid=188)

UiPath 제품은 글로벌 기업과 BPO(Business Process Outsourcing, 업무처리 아웃소싱)의 요구에 맞게 설계, 제작되었습니다. UiPath 제품군은 다음과 같습니다.

제품군	설명
UiPath 스튜디오	UiPath 스튜디오는 코드를 사용하지 않고 시각적으로 누구나 자동화를 모델링할 수 있는 직관적인 설계 도구입니다. 강력한 레코더 기능은 사용자의 동작을 기록하고 자동화를 구현합니다. 사용자는 템플릿 활용과 풍부한 라이브러리로 신속하고 쉽게 작업할 수 있습니다.
UiPath 오케스트레이터	UiPath 오케스트레이터는 기업의 모든 중요한 업무를 다루며 디지털 노동력을 관리합니다. 관리 업무의 예로 릴리스 관리, 집중 로깅, 보고서, 감사 및 모니터링, 원격 제어, 작업 부하 평준화, 자산 관리 등이 있습니다.
UiPath 로봇	UiPath 로봇은 완벽하고 정확하게 프로세스를 실행합니다. 임직원의 관리 감독하에 업무를 자동으로 수행하거나 보조 없이 단독 실행도 가능합니다. 사람의 개입 없이 다양한 업무를 처리할 수 있습니다.

표 5-1 〈UiPath 제품군 설명〉

UiPath 스튜디오

UiPath 스튜디오는 업무 프로세스를 설계하는 메인 도구입니다. 마이크로소프트의 비주얼 스튜디오가 프로그램을 제작하는 도구인 것처럼, UiPath 스튜디오는 자동화된 워크플로우를 설계하고 제작하는 도구입니다. 이 단원에서는 UiPath 스튜디오에 대해서 알아보겠습니다.

■ 업무 프로세스의 자동화 설계 도구

하나의 개발 도구에서 수많은 업무를 지원하는 워크플로우를 만들 수 있습니다. 기존의 RPA 도구와 비교하여 다양한 응용 프로그램과 업무 프로세스에 대응할 수 있는 것이 UiPath의 강점입니다. UiPath 스튜디오는 신속한 설계와 다양한 기능을 비즈니스에 도입하여 사업의 효율화를 돕습니다.

■ 다품종 소규모 업무의 자동화

기업 현장에서는 다양하고 소규모의 업무까지 대응되기를 원합니다. UiPath 스튜디오는 이러한 업무 흐름을 쉽게 재현하고 자동화할 수 있습니다. 레코딩 기능을 통해 사용자의 업무를 녹화, 분석하고 로봇은 실수 없이 그 업무를 재현합니다. 또, 사전 설치된 300개 이상의 로봇 활동 기능을 통해 업무의 보완도 가능합니다.

특징	설명
고급 직관성	간단한 드래그 앤 드롭으로 워크플로우의 재현이 가능하며, 실사용까지 걸리는 시간을 줄일 수 있습니다.
레코딩 기능	사용자의 업무를 레코딩하고 재현할 수 있습니다. 수동 업무 단계 분석과 사용자 액션을 도식화합니다. 사람의 업무를 쉽게 대체하고, 오류 없이 프로세스를 제작하는 기능입니다.
오류 검사 기능	생성된 워크플로우를 순차적으로 오류를 체크하고, 수정하여 정확한 자동화를 제작합니다.
포괄적인 라이브러리	UiPath 스튜디오는 이미 구현된 라이브러리 및 활동을 검색하고, 기존 워크플로우를 호출하는 기능까지 제공합니다.
디버그 기능	단계별 디버깅 및 브레이크 포인트 설정, 대상의 하이라이트 기능을 통해 쉬운 디버깅을 할 수 있습니다.
공동 개발의 효율화	Team Foundation Server 및 SVN과의 연계를 통해 팀 내에서 혁신 업무와 기존 워크플로우의 재사용이 가능합니다.
확장 가능한 아키텍처	제공되는 API를 통해 인지 OCR 등 다양한 기술을 사용할 수 있습니다.

표 5-2 〈UiPath 스튜디오의 특징〉

UiPath 로봇

UiPath 로봇은 자동화 프로세스를 실행하는 도구입니다. UiPath 로봇은 고객의 이용 용도에 따라 다양한 제품이 있습니다. 관리자가 전체 자동화 프로세스의 로봇을 스케줄링하고, 모니터링할 수 있습니다.

■ 보조 로봇(Attended Robots)과 무인 로봇(Unattended Robots)

RPA에서 사용되는 로봇의 종류는 사람과 함께 작업하는지 아니면 혼자서 작업하는지에 따라 2가지 종류로 구분할 수 있습니다.

그림 5-4 〈보조 로봇과 무인 로봇에 대한 예〉
(출처: https://www.arrowdigital.com/insights/2018/05/attended-vs-unattended-rpa-everything-you-need-to-know)

a) 보조 로봇(Attended Robots)

보조 로봇은 사람의 확인과 검증이 필요한 업무에서 사람과 로봇이 공동으로 작업할 수 있도록 설계된 로봇입니다. 로봇은 직원의 컴퓨터에 배치되어 직접적인 명령 또는 특정 워크플로우 이벤트의 필요에 따라 시작됩니다. 사람이 지속해서 작업하는 경우 로봇은 백그라운드에서 동작합니다. 서비스 데스크, 헬프 데스크, 콜센터의 업무에서 높은 생산성을 얻고, 처리 시간을 절감할 수 있습니다.

b) 무인 로봇(Unattended Robots)

무인 로봇을 통해 완전한 업무 자동화를 실현할 수 있습니다. 무인 로봇은 모든 백 오피스 업무의 비용 감소 효과와 성능 효율을 극대화할 수 있는 해결책입니다. 무인 로봇은 오케스트레이터에서 물리적 환경 또는 가상 환경에 배포되어 로봇 스스로 기동하고, 효율적으로 동작합니다. 중앙 집중화된 관제실에서 스케줄링, 작업 부하 관리, 보고, 감사, 모니터링 등을 모두 원격으로 관리할 수 있습니다.

■ 뛰어난 AI 성능

UiPath는 AI를 접목해 RPA 기술과 시너지를 얻고 한 단계 높은 서비스를 제공하고자 합니다.

그림 5-5 〈UiPath와 AI의 시너지〉
(출처: https://www.vclocity-it.com/how-to-use-artificial-intelligence-ai-for-facial-recognition-using-uipath/)

인지기능은 무인 로봇이 사람의 도움 없이 원활하게 돌아가기 위한 필수 기능입니다. 매일 반복적으로 해야 하는 업무량을 줄이기 위해서는 로봇 스스로 돌아가야 합니다. 만일 RPA를 운영하기 위해서 매일 로봇을 모니터링하고 관리해야 한다면, 이는 또 다른 부가 작업이 발생하는 것입니다. UiPath는 자동화의 효율성을 향상하기 위해 다양한 신기술과 AI 기능을 접목했습니다.

■ 컴퓨터 비전 기술

UiPath 로봇은 신속하고 정확한 자동화를 위해 수준 높은 기술의 컴퓨터 비전을 사용하여 SAP, Citrix, 메인 프레임 워크플로우에서 양질의 서비스를 제공합니다. UiPath 로봇은 로컬 레거시 환경에서부터 클라우드 환경까지 여러 플랫폼에서 다양한 응용 프로그램을 시작, 운영, 종료할 수 있으며, 기업 전용 프로그램, 문서, 데이터베이스에서 데이터를 추출, 처리, 분석합니다. 인지 및 OCR 기술(Google, Microsoft, ABBYY)이 탑재되어 우수한 성능의 자동화를 구축할 수 있습니다.

그림 5-6 〈UiPath 컴퓨터 비전 모토〉 (출처: facebook.com/UiPath/posts/2014987325469814)

UiPath에 따르면, 기존 RPA 로봇은 80%의 범용성과 확장성을 보이지만, UiPath 로봇은 99% 이상을 보여줍니다.

컴퓨터 비전 기능은 SAP, Oracle, Citrix, 메인 프레임의 자동화에서 높은 활용도를 보여줍니다. UiPath 로봇은 인간처럼 업무의 대상을 보고 상호 관계성을 인식하기 위한 '눈'을 가지고 있습니다. 인간과 같이 이미지의 요소를 찾고, 상호 관계성을 파악하여 대응합니다.

■ 지능형 영상 인식

UiPath 로봇은 Citrix 컴퓨터 비전 그룹에 의해 개발된 OCR 처리 알고리즘을 기반으로 높은 영상 인식률을 보여줍니다. 이러한 컴퓨터 비전 기능은 가상 환경의 화면 이미지의 위치를 0.1초 이내에 대상체를 인식하고 분석할 수 있습니다.

특징	설명
확장성	UiPath 로봇은 고객의 ERP, BPM 시스템과 연계된 업무를 수행할 수 있습니다. 다양한 환경의 레거시 시스템을 자동화할 수 있습니다.
컴퓨터 비전	UiPath 로봇은 모니터 화면에서 대상을 찾고 상호 관계성을 파악하는 혁신적인 컴퓨터 비전 기술을 제공합니다. 이를 통해 빠르고 정확한 자동화를 구현할 수 있습니다.
보이지 않는 자동화	UiPath 로봇은 자동화된 워크플로우를 백그라운드에서 동작하며, 사용자는 화면을 전환하여 다른 업무를 동시에 수행할 수 있습니다.
잠긴 화면에서의 실행	UiPath 로봇은 잠긴 화면에서도 자동화된 프로세스를 실행할 수 있기 때문에 기업의 보안 기준을 준수할 수 있습니다.
RESTful 웹 서비스	공개된 RESTful 서비스를 사용하여 외부 응용 프로그램과 원격 시스템에서 UiPath 로봇을 제어할 수 있습니다.
Windows 세션 자동 로그인	무인 로봇(Unattended Robots)이 Windows 세션에 자동 로그인하여 완전히 자율적인 프로세스 자동화를 실행할 수 있습니다.
데스크톱 자동화	모든 데스크톱 응용 프로그램 UI에서 사람의 동작을 자동화합니다.
웹 자동화	HTML 페이지의 브라우저 인터페이스에서 인간의 동작을 자동화합니다.
메인 프레임 자동화	메인 프레임 애플리케이션 환경과 터미널 에뮬레이터(Attachmate, Rumba+ 등)에서 정의된 인터페이스를 사용하여 규칙 기반의 프로세스를 자동화합니다.
Citrix 자동화	Citrix의 혁신적인 이미지 인식과 컴퓨터 비전 기술로, 웹 또는 데스크톱 환경과 유사한 정밀도로 업무를 자동화합니다.
스크린 스크래핑	데스크톱, 웹 응용 프로그램의 화면에서 100%의 정확성으로 데이터 추출을 자동화합니다. 레거시 응용 프로그램에 지원되는 프로세스의 자동화에 매우 중요한 기술입니다.

웹 스크래핑	업계를 주도하는 패턴 기반의 데이터 스크래핑 기술로 여러 웹 페이지에서 데이터를 동시에 추출합니다.
텍스트 기반 자동화	관련 텍스트를 자동화 기동의 키워드로 사용하는 혁신적인 기술입니다.
데이터 자동화	데이터의 생성, 필터링, 결합, 구성, 분석의 모든 기능을 자동화에 활용합니다.
이메일 자동화	UiPath 로봇은 Outlook, Exchange, Gmail, 기타 모든 업체의 이메일로 첨부 파일을 받거나 전송하는 작업을 자동화할 수 있습니다.
MS Office 자동화	일반적인 MS Office 응용 프로그램에서 텍스트 또는 데이터의 읽기/쓰기를 포함하여 모든 작업을 자동화합니다.
IT 자동화	워크플로우 PowerShell 명령을 통합하여 IT 관리 및 구성 작업을 자동화합니다.
기업 전용 응용 프로그램 자동화	기업의 전용 애플리케이션에서 컴퓨터 비전 및 이미지 인식을 이용하여 규칙 기반의 프로세스를 효과적으로 자동화합니다.

표 5-3 〈UiPath 로봇의 특징〉

UiPath 오케스트레이터

다음은 UiPath 솔루션의 핵심 제품이자 관리 및 모니터링을 하는 오케스트레이터에 대해서 알아보겠습니다.

그림 5-7 〈UiPath 오케스트레이터 대시보드〉 (출처: https://www.uipath.com/blog/january-2020-uipath-monthly-update)

UiPath 오케스트레이터는 대시보드를 통해 UiPath 로봇과 업무 관리 프로세스를 통합 관리하는 제품입니다. 기존의 RPA는 로봇에 업무를 맡기고 관리하는 데 많은 제약이 있었습니다. UiPath 오케스트레이터는 이를 개선하고자, 웹 기반 콘솔부터 관리 프런트 오피스, 백 오피스 처리까지 사용자가 관리할 수 있고, 24시간 365일 서비스를 제공할 수 있도록 도와줍니다.

UiPath 오케스트레이터는 높은 확장성으로 하나의 로봇에서 수십 또는 수백 개의 로봇을 신속하게 배포할 수 있는 서버 플랫폼입니다. 로봇의 활동 감사, 모니터링, 다양한 유형의 프로세스 일정 및 처리 대기열을 관리합니다. Elasticsearch와 Kibana의 뛰어난 기술을 사용하여 높은 성능의 보고 서비스를 제공합니다. 또한 릴리스 관리, 협업 도구, 집중 로깅 및 역할 기반 액세스도 지원합니다.

■ 완전 자동화

로봇이 로봇을 관리하는 완전한 자동화를 지향합니다. 로봇이 프런트 오피스/백 오피스 로봇과 연계하여 모니터링 및 관리를 합니다. 중앙에서 현재 처리하는 프로세스와 대기 중인 작업을 관리하고, 워크플로우 자동화를 최적화합니다.

■ 오케스트레이터의 장점

오케스트레이터는 프로세스 성능 향상 및 비용 절감, 확장성 및 유연성 등의 장점이 있습니다. ⟨표 5-4⟩는 오케스트레이터의 장점에 대한 설명입니다.

장점	설명
프로세스의 성능 향상 및 비용 절감	기업 전체에 인텔리전트 오퍼레이션을 제공합니다. 인텔리전트 예약, 수행, 확장 기술을 활용할 수 있어 다양한 효과를 줄 수 있습니다.
무한한 확장성으로 글로벌 전개	오케스트레이터는 최신 모듈식 아키텍처로 구성되어, 클라우드 환경에서 손쉽게 배포할 수 있습니다. 물리적 또는 가상 서버를 사용하여 확장할 수 있는 실용성과 효율성도 제공합니다.
유연성과 비용 절감	오케스트레이터는 멀티 테넌트를 사용할 수 있는 솔루션 플랫폼으로 로봇에 대해 안전하게 별도의 리소스를 확보할 수 있습니다. 따라서 조직의 자동화 운영 비용과 인프라 투자를 크게 줄일 수 있습니다.
현명한 의사 결정	오케스트레이터는 로봇의 모든 활동과 결과를 기록하고, 분석된 동적 보고서를 제공합니다. 이를 통해 정확한 비즈니스 워크플로우 정보를 얻을 수 있습니다.

표 5-4 ⟨오케스트레이터의 장점⟩

■ 효율적인 감사와 효과적인 거버넌스

각 작업의 세부 정보를 저장하고 워크플로우 자동화를 관리하고 실행합니다. 작업의 자세한 로그 파일이 기록되고, Elasticsearch를 통해 이를 저장합니다. 이 결과를 Kibana를 통해 사용자 정의된 형식으로 생성합니다. 이를 통해 신속하고 정확한 감사 정보를 보고하고, 감사의 효율성을 높일 수 있습니다.

■ IT 부서의 보안 인증을 가속화

IT 부서에서 요구하는 보안 요구 사항을 준수하고, 사용자에 따라 설정된 권한에 맞춰 문서 작성 및 작업 프로세스를 관리합니다. 이는 기업의 보안 수준을 높이고, 신뢰성을 높여주는 기반이 됩니다.

UiPath에서 사용되는 보안 기술

- Microsoft .NET Framework 4.6.1.에 의한 지속성 실현
- Microsoft Entity Framework를 이용한 보안 통신
- AES_CBC_256 암호화 알고리즘과 https 지원
- Windows Active Directory의 전체 지원

UiPath가 준수하는 아키텍처

- OWASP Top 10
- HIPAA 및 SOX
- 기본 데이터

그림 5-8 〈UiPath에 사용되는 기술〉

〈표 5-5〉는 UiPath 오케스트레이터의 보안과 추가적인 서비에 대한 기능에 대한 설명입니다.

기능	설명
클라우드 서비스 대응	오케스트레이터의 최신 모듈은 높은 가용성과 확장성으로 기술 스택에 통합되어 제공됩니다.
Kibana 고급 분석	분석 및 대시보드를 유연하게 구성할 수 있습니다. Elasticsearch의 신속성과 Kibana의 분석력을 통해, 사용자는 쉽게 데이터를 처리할 수 있습니다.
모니터링, 로깅, 감사	Elasticsearch를 통해 데이터 변경을 모니터링하고, 비즈니스 규칙에 따라 자동으로 기동됩니다. 완벽한 감사 추적으로 신속하고 공정한 감사 보고서를 얻을 수 있습니다.
멀티 테넌시	오케스트레이터의 클라우드 플랫폼을 활용하여 RPA를 사용하는 부서 간에 별도로 확보된 자원을 제공합니다. 개별적으로 가상 인력을 배치하고, 로봇을 운영하여 효율성을 극대화할 수 있습니다.

감사 가능한 실행 추적	최종 종단에서 로봇이 활동한 데이터가 서버 수준에서 집계되고 기록됩니다. 따라서, 로봇의 로그 파일을 기반으로 효율적인 감사 준수가 가능합니다. 조회와 보고는 Elasticsearch를 사용하여 쉽게 실행할 수 있습니다.
웹 기반 컨트롤 센터	오케스트레이터 관제소는 로봇과 프로세스 통계를 집계하여 웹 기반에서 보여줍니다. 또한 트랜잭션 큐, 로봇 스케줄링, 배포, 재할당, 종료를 위한 유틸리티도 제공합니다.
릴리스 관리	사용자가 로봇 그룹의 버전을 등록하여 프로세스 자동화를 실행할 때, 안정된 버전을 선택할 수 있습니다. 롤백을 위해 배포된 프로세스의 여러 버전을 서버에 보관할 수 있습니다.
프로세스 모니터링	로봇의 정상 가동을 확인하거나 알람을 받을 수 있습니다. 정상적인 상태에서 동작하는 로봇은 일정한 '하트비트'를 서버로 전송합니다. 상태를 항시 모니터링하다가, 하트비트가 끊기거나 표준 이하로 응답할 경우 장애 발생 경고가 표시됩니다.
원격 조작	오케스트레이터에서 백 오피스 로봇을 배포, 모니터링, 종료를 제어할 수 있습니다.
집중 스케줄링	관제 센터에서 로봇 그룹을 자동화 프로세스에 배치하고 스케줄링하기 위해 사용하는 기능입니다.
자산 관리	전체 자산이 서버에 안전하게 저장되고, 로봇 실행 시 저장된 정보를 전달할 수 있습니다.
자격 증명 관리	Active Directory용 Windows 자격 증명을 통해 사용자의 자격 증명, 보안 및 데이터 액세스가 보장됩니다. 또, 자격 증명은 AES 256bit 암호화되어 데이터베이스 서버에 저장됩니다. Credential Manager는 Credential Locker(구 Windows Vault)를 사용하여 사용자 이름과 암호를 안전하게 보관합니다.
트랜잭션 큐	오케스트레이터 트랜잭션 큐 시스템은 서버에 작업 항목을 저장하고 로봇 그룹을 지정할 때, 간편하게 사용할 수 있습니다.
지능형 스케줄링	우선순위와 중요도에 따라 사용 가능한 로봇을 관리하여 로봇의 생산성을 최적화합니다. 로봇이 풀 가동될 때, 처리 완료된 로봇은 우선순위가 높은 프로세스에 할당됩니다. SLA를 충족할 수 없는 상황에서 그 성능이 돌아올 때까지 우선순위가 낮은 작업은 대기열에 넣을 수 있습니다.
예외 처리의 개선	실패한 트랜잭션이 발생한 경우, 서버에 예외 메시지를 보내기 전에 다시 시도하도록 로봇에게 지시합니다.
큐 API 통합	오케스트레이터 트랜잭션 큐 API는 REST 기반 웹 서비스로 타사 시스템을 위해 게시되어 있습니다. 큐 API를 통해 ERP와 BPM 시스템에 UiPath를 통합할 수 있습니다.

표 5-5 〈UiPath 오케스트레이터의 기능〉

UiPath 아카데미 학습 및 인증

UiPath 아카데미는 RPA 사용자를 위한 오픈 온라인 교육 플랫폼입니다. 이 단원에서는 UiPath의 교육 지원, 학습 과정, 수료증 및 자격증에 대해서 알아보겠습니다.

UiPath 아카데미는 RPA 전문가 육성에 기여하기 위해 설립되었습니다. RPA 개발자 프로그램, UiPath Foundation 수강 과정, 오케스트레이터 전용 교육 과정이 준비되어 있습니다. UiPath 프로그램에서 RPA를 효과적으로 사용하는 방법에 대해 학습할 수 있습니다. 고객이 관심 있는 분야, 직무 경력, 희망 진로에 따라 단기간에 효과적으로 학습할 수 있는 다양한 프로그램을 준비하고 있습니다.

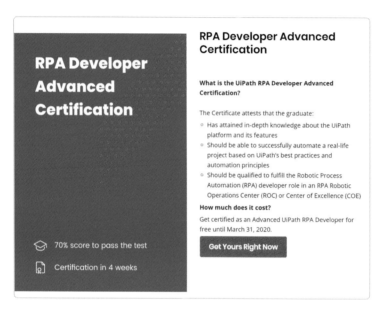

그림 5-9 〈UiPath 개발자 심화 과정 수료증〉 (출처: https://www.uipath.com/rpa/academy/certifications)

UiPath 구성 요소, 기능, 기술에 대한 지식을 습득하고, RPA 전문가 인증서를 취득할 수 있습니다.

사용자 가이드 UiPath 커뮤니티

UiPath의 가장 큰 장점 중 하나는 활발한 포럼 활동입니다. 많은 전문가가 활동하고 있으며, 현재 자신이 겪고 있는 문제점을 다른 사람이 이미 해결한 경우가 많아 큰 도움이 됩니다. 또, 해결책이 없는 경우 질문을 통해 도움을 요청할 수 있고, 새롭고 다양한 정보도 수집할 수 있습니다.

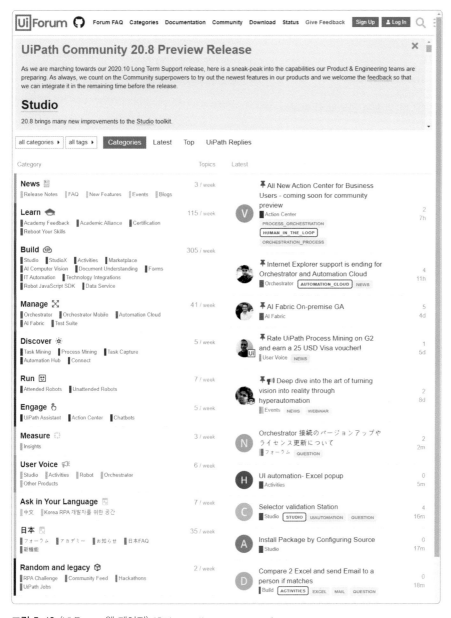

그림 5-10 〈Ui Forum 웹 페이지〉 (출처: https://forum.uipath.com/)

| KEB 하나은행 |

2019년 국내 은행업계는 활발하게 RPA를 도입했습니다. 여기서는 KEB 하나은행의 UiPath RPA 도입 성공 사례에 대해 알아보겠습니다.

(출처: http://it.chosun.com/site/data/html_dir/2019/05/28/2019052801809.html, https://youtu.be/C3PEvB1Iy74)

1 회사 개요

은행업무는 항시 서비스를 제공하면서도, 정확도를 유지해야 합니다. KEB 하나은행은 그룹의 디지털 혁신의 일환으로 RPA 전행 확산 프로젝트를 진행하고 있습니다.

2 도전 과제

RPA 프로젝트를 통해 8,000개 기업 신용등급 자동 업데이트, 주요 파생 거래 실시간 확인, 자금세탁 고위험군 추출 등 총 19개 은행 업무와 22개 프로세스에 34개의 RPA 로봇을 투입했습니다.

KEB 하나은행은 초기 도입 시 임직원의 부정적인 인식을 줄이는 노력도 함께 진행하였습니다.

3 솔루션

은행업무 특성상 안정성을 핵심 요소로 보고, 여러 솔루션을 검토한 결과 UiPath를 기반으로 프로젝트를 진행하였습니다. 실무 임직원의 능동적 참여가 프로젝트의 가장 중요한 요소로 판단하여, RPA 도입의 공감대를 얻기 위해 큰 노력을 하였습니다. RPA 개념에 대한 설명회와 성공 사례에 대한 인터뷰 및 결과를 공유하였습니다. 또, RPA 로봇은 24시간, 7일 계속 업무를 하므로 해외업무에 대한 시차 극복과 상시 운영 등의 이점을 널리 공유하였습니다.

4 도입 결과

KEB 하나은행에는 2019년 현재 145대의 RPA 로봇이 운영되고 있으며, 3차 프로세스 혁신 결과 32만 시간의 업무 시간을 줄이는 효과를 이룩했습니다. 또, 영업본부별로 RPA를 도입한 본부와 아닌 부분의 실적 차이도 확인할 수 있었습니다. KEB 하나은행은 RPA의 성공적인 도입과 로봇으로 인한 에러 등을 관리하기 위해 RPA 운영실을 설치하여 실시간 모니터링과 관리를 진행하고 있습니다.

06장 Blue Prism의 특징

이번 장에서는 시장을 주도하는 3가지 주요한 툴 중 하나인 Blue Prism에 대해서 소개하겠습니다. Blue Prism의 제품, 설계 모델, 지능화된 기술에 대해 자세히 알아보고, 차별화된 장점들에 대해 알아보겠습니다.

회사 소개

Blue Prism은 자동화의 혁신을 이루는 RPA(로봇 프로세스 자동화)의 선구자 중 하나입니다. Blue Prism의 지능형, 연결된 RPA(Connected-RPA)는 중요업무를 자동화하고 실행하여, 직원들이 더 창조적이고 의미 있는 작업에 집중할 수 있도록 도와줍니다.

제품 개요

Blue Prism은 3가지 주요 제품으로 이루어져 있고, 이 솔루션을 자체적으로 디지털 워크포스라고 부르고 있습니다. 이 단원에서는 Blue Prism의 디지털 워크포스에 대해 알아보겠습니다.

Our Digital Workforce Operating System is comprised of:

Object Studio

Build process automations via drag-and-drop interface

Reuse "objects"– the events and actions that build a process - across the business

Changes permeate object and process libraries

Digital Workforce

Autonomous software robots

Individual system credentials, no sharing

Enhanced with AI and cognitive capabilities called Intelligent Automation Skills

Control Room

Assign processes to Digital Workers

Scale task and Digital Worker volume on-demand

Real-time transparency of process proficiencies

그림 6-1 〈지능형 디지털 워크포스 플랫폼〉 (출처: https://www.blueprism.com/product/intelligent-rpa-platform/)

지능형 디지털 워크 포스 플랫폼

Blue Prism은 업무 부서가 주도하고 IT 부서에서 관리하는 지능형 디지털 워크포스 플랫폼입니다. 기업은 대상이 되는 업무의 디지털화를 촉진하고, 업무를 자동화할 수 있습니다. 이를 통해 고객 만족도 향상을 이끌 수 있습니다.

디지털화를 달성하기 위해서는 여러 기술이 필수적입니다. Blue Prism은 첨단 기반 기술을 활용하여 경쟁력을 높이고 사업의 성장을 지원합니다. 아래의 기반 기술을 통해 직원, 프로세스, 시스템을 원활하게 연계하고 디지털 인력을 쉽게 구축·배포할 수 있습니다.

노코드 지능형 자동화
- 드래그 앤 드롭 AI
- 강력하고 확장 가능하며 지속 가능한 자동화 기술에 대한 코드 없는 액세스

안전한 확장성
- 세계적인 안전성
- 전사적으로 RPA를 안전하고 안전하게 확장할 수 있습니다.

로봇 운영 모델(ROM)
- 입증된 실행 전략
- 성공적인 결과를 위해 RPA를 성공적으로 구현하기 위한 전략적 표준 및 템플릿

신속한 연결
- 다양한 플랫폼 기술 생태계
- 하나의 플랫폼에서 지능형 자동화를 개발하고 확장하는 데 필요한 모든 기술

그림 6-2 〈지능형 디지털 워크포스 플랫폼〉

프로세스 발견 도구(Process Discovery Tool)

프로세스 발견 도구는 비즈니스를 성공적으로 반복적으로 자동화할 수 있는 도구입니다. 프로세스 자동화를 빠르고 쉽게 구현할 수 있도록 도와줍니다.

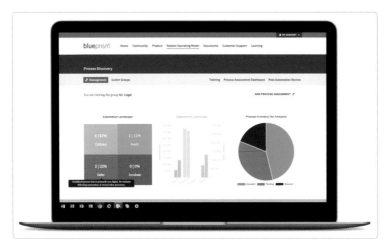

그림 6-3 〈Process Discovery Tool〉 (출처: https://www.blueprism.com/product/process-discovery-tool/)

자동화할 프로세스를 올바르게 식별하는 것은 시간이 오래 걸리고 어려운 일입니다. 부정확한 프로세스를 제거하고, RPA 투자에 대한 ROI 및 효율성을 최대화하려면, 자동화 파이프라인을 충분하게 유지해야 합니다.

Blue Prism의 프로세스 발견 도구는 웹 기반에서 자동화 준비, 자동화의 용이성 및 잠재적 비즈니스 가치를 위해 프로세스를 분석하고 검증하는 작업을 도와주는 도구입니다.

Blue Prism의 프로세스 발견 도구는 대부분의 자동화 측면에서 각 단계를 대시보드 사분면 순위로 명확하게 표시합니다. 이를 통해 자동 준비 프로세스의 발견을 돕고, 객관적이고 일관성 있는 방법을 제공합니다.

■ 지능형 자동화 기술(Intelligent Automation Skills)

Blue Prism 플랫폼은 6개의 지능형 자동화 기술을 내장하여 뛰어난 디지털 경험을 제공합니다.

내장 기술	설명
지식과 식견	다양한 소스로부터 데이터를 받아들이고, 이해하여 유용한 지식을 얻는 능력
영상 인식	시각 정보를 디지털로 읽고 이해하여 설명하는 능력
학습	변경되는 업무 패턴에 적응하고, 데이터 세트에서 문맥의 의미를 읽을 수 있는 능력
문제 해결	논리적 과제, 업무 문제, 시스템상의 문제를 인간의 개입 없이 해결하는 능력
협업	사람, 프로세스, 기술 사이의 원활한 커뮤니케이션 및 협업을 수행하는 능력
계획 및 우선순위	워크플로우 작업을 최적화하고 사업 성과를 높이기 위한 기회를 찾아내는 능력

표 6-1 〈지능형 자동화 기술〉

■ 기술 적용 분야

Blue Prism은 전 세계, 다양한 규모의 회사에서 지능형 자동화 기술 및 AI 기능을 사용할 수 있도록 기술을 개발하고 있습니다. 다음은 비즈니스 가치를 제공하는 지능형 자동화 기술이 적용된 분야입니다.

적용 기술	적용 분야
텍스트 및 음성 번역	번역 및 주요 언어 지원을 통하여 글로벌 고객의 서비스 요청을 접수 및 통합 가상 회의에서 실시간 통역, 번역 서비스
OCR 및 컴퓨터 비전	스캔된 문서를 RPA 프로세스에서 사용할 수 있도록 디지털 데이터로 변환 팩스를 검색 가능한 텍스트 내장 형식으로 변환
암호화 및 블록체인 기술	사기 및 자금 세탁 활동을 사전 예방하기 위해서 수백만 건의 거래를 안전하게 분석
언어 및 정서 이해하기	고객의 이메일, 채팅 또는 음성 메시지의 강도 또는 행복을 측정하여 고객 지원 요청을 평가 및 분류
기계 학습 모델 및 분석	현재 및 과거 데이터 세트를 기반으로 하는 예측하고 답을 제시하는 챗봇 기능 향상 자체 발전하는 학습 모델을 활용하여 이상 징후를 선제 파악
Elasticsearch 및 텍스트 분석	빅데이터 및 아카이브 레코드를 자동으로 마이닝하여 과거 데이터로부터 리서치 및 BI를 분석 추출 복잡한 계약에 대한 법적 컴플라이언스를 동적으로 확인

표 6-2 〈Blue Prism의 적용 기술과 분야〉

■ 코딩이 불필요한 RPA와 AI

Blue Prism의 강력한 기술을 통해 이전에 구축된 프로세스를 쉽게 재사용할 수 있습니다. 또, 오픈 API를 쉽게 파악할 수 있기 때문에, 디지털 로봇을 최첨단의 혁신적인 기술로 빠르게 업데이트할 수 있습니다.

■ Blue Prism Digital Exchange(DX)

Blue Prism Digital Exchange(DX)는 다른 벤더에서 제공하는 라이브러리 또는 모듈들을 사용할 수 있는 스토어입니다. 이는 강력한 RPA와 AI의 능력을 쉽게 활용하는 방법입니다. 세계에서 가장 혁신적인 기업이 제공하는 기술을 DX에서 활용할 수 있습니다. 〈그림 6-4〉는 Digital Exchange(DX)의 웹 페이지입니다.

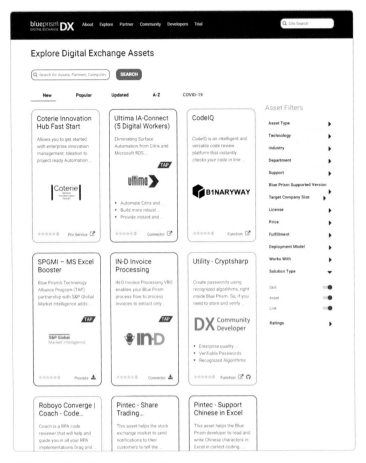

그림 6-4 〈Digital Exchange(DX)〉 (출처: https://digitalexchange.blueprism.com/dx/)

AI와 인지 기술 등 혁신적인 기술을 이용하고, 공유하기 위한 온라인 마켓 플레이스입니다. 최첨단 기술을 현재 업무에 쉽게 연계할 수 있습니다.

장점	설명
디지털 인력의 구축	24시간 가동할 수 있는 디지털 인력으로 운영 민첩성을 제공합니다. 인공지능 기술이 접목된 디지털 인력은 학습하면 할수록 그 효율이 높아집니다. 수작업으로 이루어지던 사무 작업을 AI와 연계된 RPA가 자동화함으로써 효율성을 높여 비용을 절감하고 실수를 줄일 수 있습니다. 또한 고객 만족도를 극적으로 높일 수 있는 해결책입니다. Blue Prism의 RPA는 임직원이 더욱 창의적인 업무에 집중할 수 있는 환경을 제공하는 엔터프라이즈급 통합 플랫폼입니다. AI·기계 학습 클라우드를 활용하여 손쉽게 확장하고, 지능형 디지털 인력을 원하는 만큼 제공합니다.
디지털 인력 강화	감정 분석을 통해 효과적으로 고객의 요구 사항을 파악하고, 비정형 데이터에서 시장 정보의 추출합니다. Blue Prism의 디지털 인력으로 가상 도우미를 사용하여 고객 대응을 수행할 수 있습니다. 필요한 기능을 다운로드하고, Blue Prism 플랫폼에서 플러그 앤 플레이로 최신의 기술을 사용할 수 있습니다. 또, 드래그 앤 드롭으로 필요한 솔루션을 빠르게 통합할 수 있습니다.

뛰어난 기술의 공유	Blue Prism Digital Exchange를 통해 최신 기술을 공유할 수 있고, 사용할 수 있습니다. AI 탑재 솔루션을 쉽고 빠르게 사용할 수 있고, 기존에 구축된 플랫폼에 필요한 최신 기술을 적용할 수 있습니다.

표 6-3 〈Digital Exchange(DX)의 장점과 설명〉

Blue Prism 장점

자동화 및 연결된 RPA(Connected-RPA)를 통해 높은 커뮤니케이션 효율, 창의성, 업무 생산성을 얻을 수 있습니다.

업무 생산성
- 디지털 근로자는 핵심 운영 프로세스를 자동화
- 24시간 내내 작동하는 디지털 인력
- 자동화를 통한 생산성 증가 및 비용 절감
- 뛰어난 최종 데이터 정확성 및 품질

연결성
- 연결된 RPA(Connected-RPA)는 높은 커뮤니케이션 효율을 제공
- 서류, 양식 및 문서 디지털화
- 인공 지능(AI)을 통해 인지 능력을 추가
- 사물인터넷(IoT) 연결

창의력
- 자동화를 통한 직원의 혁신을 가속
- 관리자 및 데이터 입력에 드는 시간 단축
- 사람들에게 창의적인 업무에 더 많은 시간을 제공
- 조직의 경쟁력을 향상

그림 6-5 〈Blue Prism의 장점〉

Blue Prism의 차별화

Blue Prism의 RPA는 주무 부서의 직원이 디지털에 정통하고, 창의적이고 혁신적인 업무를 할 수 있도록 돕는다. IT 부서가 관리, 통제하는 환경하에 Blue Prism의 연결된 RPA(Connected-RPA)는 유연한 도구, 디지털 솔루션 및 비즈니스 주도 자동화를 제공합니다. 끊임없이 진화하고 개선되는 AI 디지털 인력을 활용하면, 고객사는 많은 트랜잭션을 자동화하여 생산성을 높이고, 많은 업무 시간을 줄일 수 있습니다.

■ Blue Prism의 접근 방법

디지털 인력을 가장 적합한 방법으로 도입을 지원하는 것이 Blue Prism의 방법론입니다. 6년 이상 RPA 업계를 주도해온 Blue Prism은 효율성 향상, 비용 절감, 직원 만족도 향상 등을 핵심 요소를 정했습니다. 이러한 이점들을 극대화하는 전략적 접근으로 로봇 운영 모델(Robotic Operating Model, ROM)을 제안합니다.

가장 먼저 해야 할 작업은 적절한 기반을 구축하는 것입니다.

그림 6-6 〈Blue Prism의 접근 방법〉

■ 로봇 운영 모델의 기초 7개

Blue Prism의 로봇 운영 모델은 조직의 RPA의 운용을 강화하기 위한 표준, 정책 템플릿을 규정하고 있습니다. 이는 축적된 실적 데이터를 바탕으로 RPA 확장의 성공에 필수적이라고 판단한 7개의 기초 기반으로 구축된 전략입니다.

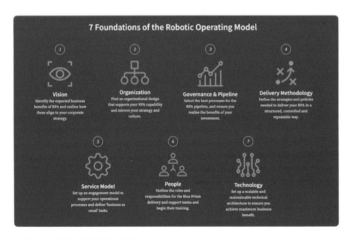

그림 6-7 〈ROM의 7개의 기초〉 (출처: https://www.blueprism.com/rom/)

〈그림 6-8〉은 ROM의 7개의 기초를 보여주고 있습니다.

비전
• 경영 전략의 일관성으로 RPA 도입에 따른 영업 이익을 명확화

조직
• RPA의 도입을 위해 경영 전략과 기업 문화를 일치시킨 지원 조직을 정의

통제 및 사례 관리
• 자동화에 적합한 대상 프로세스를 선정하는 방법 : '프로세스 발견 방법'을 정의 • 관련 업무의 이익을 극대화하기 위해 요구 사항 우선순위를 정하는 단계입니다.

도입 전략
• Blue Prism 프로세스를 신속하고 효율적인 최적의 도입 전략과 방법

서비스 모델
• 운영 지원이 필요한 모델을 설정하고, 통상 업무 관리, 보고 스케줄 작성, 문의 대응 등 각 프로세스를 정의

인재
• 후보자의 역할과 책임 선정, Blue Prism의 도입 및 지원팀에 필요한 교육/멘토링 방식을 정의

기술
• 높은 확장성과 유지 보수성을 위한 기술 아키텍처 전략을 정의 • 비즈니스의 이익을 극대화하는 환경의 구축을 목표

그림 6-8 〈ROM의 기초 7가지〉

■ 올바른 팀의 구성 요소

조직은 RPA 프로젝트를 성공시키기 위한 가장 중요한 요소 중 하나입니다. 〈그림 6-9〉는 올바른 팀을 구성하려는 방법에 관해 설명하고 있습니다.

로봇 자동화 책임자

- 디지털 인력의 운용 관리, RPA의 비전 제시

프로세스 분석가

- 확장할 수 있고 강력한 자동화 솔루션의 설계
- 요구 사항을 자세하고 명확하게 파악, 설계
- 프로세스 정의를 문서화하고, 필요에 따라 테스트 지원
- 재사용성, 탄력성 및 확장성을 갖춘 프로세스를 제시
- 유지 보수 비용, 설치 비용, 리드 타임 절약

기술 아키텍트

- 설계자, 개발 책임자, 기타 기술팀과 연계 업무 담당 기술 전문가
- 인프라의 장점을 완벽하게 이해하고, 기존의 아키텍처에 대해 솔루션을 안전하게 통합
- 상호 작용을 통해 조직의 디지털 인력의 작용에 대한 인식과 이해 향상

ROM(Robotic Operating Model) 설계자

- 영업 이익, 확장성, 배포를 최적화하기 위한 RPA의 기능을 구축

개발자

- 교육을 통해 규정된 적절한 기준을 준수
- 핵심 워크플로우 설계 원리 이해
- 자동화 프로세스와 객체의 개발에 책임
- 개발 팀 멤버 전원이 정기적으로 훈련과 연습

프로세스 컨트롤러

- 자동화된 프로세스의 일상적인 실행을 제어, 관리, 조정
- 생산 과정에서의 문제를 조사하고 문제에 플래그를 지정

그림 6-9 〈올바른 팀의 구성 요소〉

■ 올바른 프로세스 탐색

올바른 조직을 구성하였으면, 다음 작업은 대상이 되는 업무 프로세스를 탐색하는 것입니다. 〈그림 6-10〉은 업무 프로세스를 탐색하는 방법을 보여줍니다.

통제 및 사례 관리

- 안건 평가 접근법 및 자동화 안건의 우선순위 결정, 절차 정의
- 자동화 프로세스의 수를 최적화하고 관련 사업의 이익을 극대화

기술

- 확장성 문제없이 기술 환경과 보안 정책 및 액세스 모델을 정의
- 통제된 환경에서 Blue Prism을 운용
- 잠재적 문제 제거와 확장성을 위한 안전한 IT 인프라

그림 6-10 〈올바른 프로세스 탐색〉

도입 순서

다음은 RPA 솔루션을 효과적으로 도입하기 위한 방법에 대해 살펴보겠습니다. 〈그림 6-11〉은 RPA 솔루션을 도입하기 위한 순서를 보여줍니다.

Blue Prism의 교육 프로그램

- 과정을 제대로 이해
- 적절한 수준의 기술력을 가진 조직의 인력을 증원

전략의 정의

- 모범 사례 기준 거버넌스(설계 책임 기관)을 정의
- 프로세스를 정의하고 업무의 지식을 심화
- 사이클 시간을 절감하고 프로세스를 처음부터 제대로 수행할 수 있는 확률 향상

도입 전략

- Blue Prism의 전략에 따라 구현 방식을 명확화
- 기존의 변화 관리 기법에 템플릿과 정책을 포함

설계 책임 기관

- 개발의 무결성, 구성하는 프로세스와 객체를 유지
- 중앙 집중화와 라이브러리를 업데이트를 통해 사용 가능한 프로세스와 객체를 반영

모니터링 및 테스트

- 프로세스와 운영 데이터를 검토하고 결과가 올바른지 확인 및 수정
- 재사용 가능한 프로세스와 객체를 구축함
- 프로세스에 변경 사항을 반영

그림 6-11 〈도입 순서〉

■ Blue Prism의 RPA에 대한 접근 방법의 장점

위에서 살펴본 Blue Prism의 RPA 접근 모델을 따르면 이른 시일 내에 구축을 완료하고, 운영하면서 장기적인 혜택을 볼 수 있습니다. 〈표 6-4〉에서 효과를 설명하고 있습니다.

단기 효과	장기적인 혜택
• 디지털 작업자가 작업을 완수하고, 프로세스를 처음부터 제대로 실행 • 응답 시간을 단축함으로써 고객 경험과 고객 만족도를 향상 • 임직원과 유사한 디지털 노동력 정책을 개발 • 시스템 액세스, 구성 변경 프로세스 교육에 대한 감사 기록을 내장 • Blue Prism 클라우드 기반으로 기술에 대한 영향을 최소화하여 배포	• 효과적인 구현 방식으로 디지털 인력의 활용을 최적화 • IT 팀과 업무 운영팀이 긴밀하게 협력하여 양 팀 간의 업무 협조 능력 향상 • 프로세스 자동화의 구현 방식, 통신, 제어, 가시성을 조직 전체에 전파 • 기업 내에 더 많은 프로세스를 도입 • 신속한 자동화 프로세스 전개 · 운영 요구 사항에 민첩하게 대응 • 모든 장점이 합쳐져 업계에서 결정적인 경쟁 우위 제공

표 6-4 〈단기 효과와 장기 혜택〉

■ 로봇 운영 모델(효과적인 RPA를 위한 7가지 기초)

Blue Prism은 약 20년 동안 세계적 수준의 RPA 서비스를 기업에 제공했습니다. 실제 경험을 기반으로 한 노하우를 통해, RPA 프로세스 자동화에 대한 최적화된 서비스를 제공합니다. 모든 Blue Prism 사용자에게 효과적으로 자동화 서비스를 제공하기 위해서, 명확한 방법론을 제시합니다. Blue Prism은 원활한 구현을 위해 단계적으로 방법론을 사용하고, 기업에서 로봇 프로세스 자동화(RPA)를 효과적으로 운영하기 위해서 Robotic Operation Model(ROM)을 만들었습니다.

〈표 6-5〉는 로봇 운영 모델의 7가지 기초에 관해 설명하고 있습니다.

모델의 기초	설명
비전	예상되는 RPA의 비즈니스 이점을 파악하고, 이러한 전략이 기업 전략에 어떻게 부합하는지를 설명합니다.
조직	RPA 기능을 지원하고, 전략과 문화를 반영하는 조직을 구성합니다.
거버넌스 및 파이프라인	RPA 파이프라인에 가장 적합한 프로세스를 선택하고, 투자 이익을 실현합니다.
도입 방법론	RPA를 구조화하고 통제하기 위한 전략과 정책을 정의합니다.
서비스 모델	운영 프로세스를 지원하고, 비즈니스 업무를 정의하는 서비스 모델을 설정합니다.
임직원	RPA 업무팀 및 지원팀의 역할과 책임에 관해 설명하고 교육을 시작합니다.

과학 기술	최대한의 비즈니스 효과를 얻기 위해, 확장할 수 있고 유지 보수가 가능한 기술 아키텍처를 설정합니다.

표 6-5 〈로봇 운영 모델의 기초〉

| 롯데홈쇼핑과 딜로이트 안진 그룹 |

이번에는 국내 RPA 도입의 또 다른 성공 사례에 대해 알아보겠습니다. 롯데홈쇼핑과 딜로이트 안진 그룹이 함께 허위과장광고를 검수하는 작업에 대해 자동화된 RPA 솔루션을 도입하여, 기존의 임직원이 더욱 창의적인 업무를 맡을 수 있게 된 사례입니다.

(출처: http://www.irobotnews.com/news/articleView.html?idxno=16367, https://youtu.be/mqTXe055xb8)

1 회사 개요

롯데홈쇼핑은 인터넷쇼핑몰 '롯데아이몰'을 운영하면서, 허위 과장 광고 검수에 대한 작업을 자동화하고자 했습니다. 이를 해결하고자 다양한 컨설팅 회사와 문제를 검토하였고, 딜로이트 안진 그룹과 프로젝트를 진행하였습니다.

2 도전 과제

롯데홈쇼핑은 유통하는 제품에 대한 허위 과장광고에 대해 검수를 하는 작업을 모두 수작업으로 진행하고 있었습니다. 이를 위해서 임직원은 하루에 100개 이상의 광고를 매일 검토하는 작업을 반복적으로 하고 있었습니다. 유통업자들이 공급하는 제품에 대한 정보가 모두 이미지 형태로 되어있기 때문에 자동화하기 힘들었습니다. 롯데홈쇼핑은 이런 반복 작업을 자동화하고 임직원의 업무환경을 개선하기 위해 RPA 도입을 검토하였습니다.

3 솔루션

딜로이트 안진 그룹은 롯데홈쇼핑의 솔루션에 보다 높은 OCR 인식을 위해서 머신러닝이 접목된 ICR(Intelligent Character Recognition)과 Automation Anywhere사의 RPA 솔루션을 접목하였습니다.

기존에도 이미지에 있는 문자를 인식하는 OCR 기능은 널리 알려져 있었습니다. 하지만, 정형화된 문자에 적합한 경우가 많았습니다. 광고에 투입된 문자는 비정형 형태를 가지고 있는 경우가 많이 있었기 때문에, OCR의 인식 기능 성공률이 부족했습니다. 머신러닝 기술을 이용한 ICR은 비정형화되고 다양한 색채의 광고 문구에서 더욱 높은 문자 인식률을 얻을 수 있었습니다.

4 도입 결과

롯데홈쇼핑은 RPA 솔루션을 도입하여 월평균 약 45만 건의 광고 문구를 자동으로 식별하고, 필수 증빙 문서의 누락 여부도 검토하는 작업을 자동화하였습니다. 이를 통해 검수 업무에 소요되던 시간을 약 70% 단축할 수 있었습니다. 또, 기존에 투입되었던 인력을 1/3로 감축할 수 있었고, 유휴 인력을 보다 창의적인 업무에 투입할 수 있었습니다. RPA 도입에 의한 효과를 확인할 수 있었기 때문에 롯데홈쇼핑은 더 많은 부서에 RPA를 도입하기 위해 노력을 하고 있습니다.

07 장 Automation Anywhere의 특징

이번 장에서는 비즈니스 시장을 선도하는 대표적인 RPA 솔루션, Automation Anywhere의 특징을 알아보겠습니다. Automation Anywhere는 수많은 도입 사례와 광범위한 분야에 RPA 를 도입한 경험을 가지고 있습니다.

개요

Automation Anywhere는 사용 확장성, 보안, 항시 서비스 제공을 목표로 하는 RPA 툴입니다. Automation Anywhere 또한 고성능 자동화 기술을 통해, 디지털 워크포스 서비스를 제공하고 있습니다.

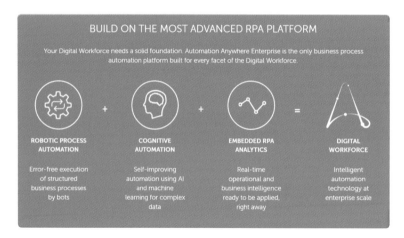

그림 7-1 〈Automation Anywhere 플랫폼의 목표〉 (출처: https://www.automationanywhere.com/products/enterprise)

Automation Anywhere는 업계에서 뛰어난 신뢰성과 효율성을 인정받아 다양한 산업계에서 성공 구축 사례를 보유하고 있습니다. 〈그림 7-2〉는 Automation Anywhere의 업무 영역을 보여주고 있습니다.

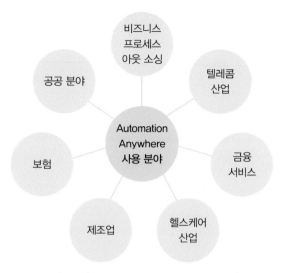

그림 7-2 〈Automation Anywhere의 업무 영역〉

Automation Anywhere는 다양한 업무 영역에 대응하기 위한 RPA 툴입니다. 대표적인 분야로 공공분야, 보험, 금융 서비스, 제조업, 헬스케어 및 비즈니스 아웃소싱 등을 들 수 있습니다. 'https://www.automationanywhere.com'에서 제품의 다양한 정보를 얻고, 평가판 및 커뮤니티 버전을 다운로드해서 사용할 수 있습니다.

■ Automation Anywhere 제품군

Automation Anywhere는 엔터프라이즈 RPA, IQ 봇, 봇 인사이트, 봇 농장 등 다양한 제품으로 구성된 솔루션을 제공하고 있습니다. 〈표 7-1〉은 Automation Anywhere 제품군의 특징에 관해 설명하고 있습니다.

Automation Anywhere 제품군	특징
Automation Anywhere 엔터프라이즈 RPA	가장 대표적인 기업용 제품으로 비즈니스 요구에 맞게 진화하고 유연하게 동작합니다. 디지털 워크포스(Digital Workforce)를 제공하는 Automation Anywhere 플랫폼입니다.
IQ 봇	IQ 봇 또는 인지 봇은 사람과 같이 생각하고, 알고리즘에 기반하여 의사 결정과 전문 영역 학습, 자가 학습을 할 수 있습니다. 구조화되지 않은 자료 형태로부터 자료를 추출하기 위해 논리 추론 모델을 사용합니다.
봇 인사이트(Bot Insight)	봇 인사이트는 모든 봇의 성능을 분석하기 위한 툴입니다. 비즈니스의 통계와 그래프도 확인할 수 있습니다.

봇 농장(Bot Farm)	봇 농장은 온-디멘드 서비스 기반으로 디지털 인력을 제공하고, 멀티 봇을 생성해 줍니다. 이는 Automation Anywhere 엔터프라이즈 제품을 통해 RPA 서비스를 제공합니다.
봇 스토어	봇 스토어는 앱스토어같이 이미 만들어진 봇들을 구매하여 바로 사용할 수 있는 마켓 서비스입니다.
모바일 앱	모바일 앱을 통해 봇에 대한 실시간 모니터링과 제어를 할 수 있습니다. 또 RPA 대시보드의 조회 및 알람, 경고 등을 바로 확인할 수 있습니다.

표 7-1 〈Automation Anywhere 제품군〉

Automation Anywhere 엔터프라이즈 RPA

Automation Anywhere 엔터프라이즈는 기업용 RPA 필수 기능을 제공하는 대표 제품입니다. 이 단원에서 Automation Anywhere 엔터프라이즈에 대해 자세히 살펴보겠습니다.

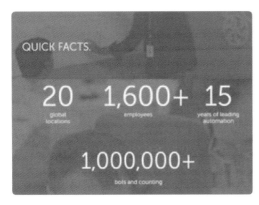

그림 7-3 〈Automation Anywhere 엔터프라이즈 RPA의 성과〉
(출처: https://www.automationanywhere.com/products/enterprise)

기업의 업무 프로세스를 자동화하기 위한 요구 사항은 다양하고, 자주 변경되며 지속해서 발생합니다. 이를 위해 단순히 요구 사항을 충족하는 것을 넘어 기업의 요구에 맞게 진화할 수 있는 유연성이 필요합니다. Automation Anywhere 엔터프라이즈 RPA는 이를 목표로 설계된 디지털 워크포스(Digital Workforce) 플랫폼입니다.

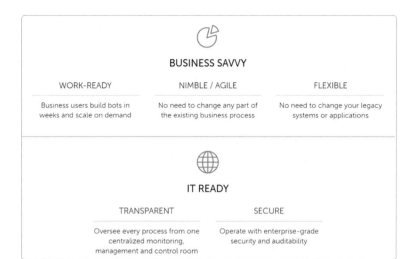

그림 7-4 ⟨Automation Anywhere 엔터프라이즈 RPA의 특징⟩

(출처: https://www.automationanywhere.com/products/enterprise)

Automation Anywhere 엔터프라이즈는 도입, 감사, 분석, 보고서 작성, 테스트, 보안 등 탁월한 기능을 가지고 있습니다. ⟨표 7-2⟩는 Automation Anywhere 엔터프라이즈의 기능에 대해 상세히 설명하고 있습니다.

기능	설명
도입과 감사	사내 또는 클라우드에 설정한 중앙 명령 센터를 통해 디지털 인력의 도입, 예약, 감사, 관리할 수 있습니다.
분석 및 보고서	구축된 로봇과 실시간 수집된 데이터를 활용하여 업무 분석 및 예측 데이터 보고서를 작성합니다.
최적화 및 우선순위	디지털 인력과 실제 직원의 업무를 최적화하고 우선순위를 정합니다. 서비스 수준 계약(SLA)의 요구를 충족하고, 사용 가능한 리소스를 최소한의 전환 비용으로 사용하고 최대한의 성과를 얻을 수 있습니다.
저장 및 보호	여러 거점 봇, 봇 실행기(Bot Runner), 관제실(Control Room), 서버 이중화와 재해복구 서비스를 제공하여 비즈니스 연속성의 문제를 해결할 수 있습니다.
테스트 및 기능 확장	종합 버전 관리와 롤백 기능을 활용하여 로봇을 지속해서 테스트하고 배포할 수 있습니다.
암호화 및 보안	인증, 암호화, 정보 보호를 위한 보안 프레임워크를 사용하여 직무 분리 및 장비의 분리, 관리가 가능합니다.

표 7-2 ⟨Automation Anywhere 엔터프라이즈 RPA의 기능⟩

IQ 봇

Automation Anywhere에서는 자동화 로봇을 IQ 봇이라고 부릅니다. Automation Anywhere의 IQ 봇이 가진 특징과 장점에 대해 알아봅시다.

■ 로봇이 인간의 행동으로부터 학습

IQ 봇은 고급 인식 기술을 사용하여 업무 능력과 성과를 향상하고, 비정형 데이터에서 의미 있는 정보를 추출합니다. 인간의 작업을 보고 학습하여 자동화를 수행합니다.

■ 비정형 데이터를 구조화하고 시각화

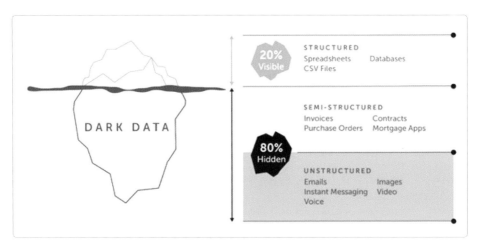

그림 7-5 〈비정형 데이터의 개념도〉 (출처: https://www.automationanywhere.com/products/iq-bot)

기존의 자동화 방식으로는 기업의 다양한 데이터 포맷과 비정형 구조의 정보를 액세스하기 힘든 경우가 많습니다. 따라서 지식 근로자가 수작업으로 직접 데이터 포맷을 변경하고, 적절한 정보를 찾아 비즈니스 프로세스에 제공하는 작업을 항상 수행했습니다.

구조화된 데이터 소스에서 프로세스 자동화하는 것은 쉽게 진행할 수 있습니다. 그러나 기업의 80%의 데이터는 비구조화된 숨겨진 데이터(Dark Data)로써 기존의 RPA 솔루션으로는 조회, 추출 또는 디지털화하기가 어렵습니다.

여러 가지 다른 문서 포맷과 비구조화된 수단(이메일이나 사내 인스턴트 메시지) 때문에 커뮤니케이션의 자동화는 한계가 있습니다. 이 때문에 일부 자동화된 프로세스에서도 피드백 정보, 자료 분석 및 결과를 지식 근로자가 작성해야만 했습니다.

하지만, 발전된 IQ 봇은 이러한 작업을 인간이 IQ 봇에 학습시킴으로써 구조화된 데이터로 빠르게 변경할 수 있습니다. 이를 통해 숨겨진 중요 정보(Dark Data)를 찾거나 사람의 실수를 제거하고, 비즈니스 프로세스를 효율적으로 자동화할 수 있습니다.

■ 사람의 도움을 축소

IQ 봇은 전자 문서, 이미지, 이메일, 반구조화 또는 비구조화 데이터에 의존하는 비즈니스 프로세스를 자동화합니다. IQ 봇은 데이터를 추출하고 자동화하는 작업을 여러 AI 기술을 활용하여 기존의 RPA · OCR 기술보다 효율적으로 수행합니다. IQ 봇은 지식 근로자의 작업을 지속해서 학습하기 때문에 시간이 지남에 따라 점차 정확한 결과를 얻을 수 있습니다.

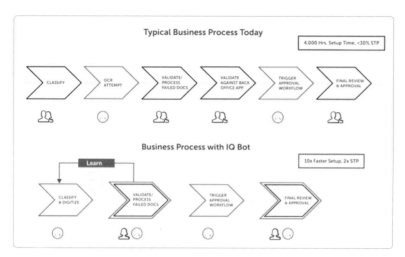

그림 7-6 〈전통적 비즈니스 프로세스와 IQ 봇을 이용한 프로세스〉 (출처: Automation Anywhere 웹페이지)

〈그림 7-6〉은 사람의 도움을 줄이고 IQ 봇을 활용하여 자동화된 프로세스를 보여줍니다.

■ IQ 봇의 기능

Automation Anywhere의 IQ 봇은 고도화된 기계 학습(Machine Learning)과 AI가 일상적인 프로세스에 적용됩니다. 전문화된 AI 인력 채용 없이 Automation Anywhere의 RPA 솔루션 도입으로 AI와 머신러닝을 손쉽게 구축할 수 있습니다.

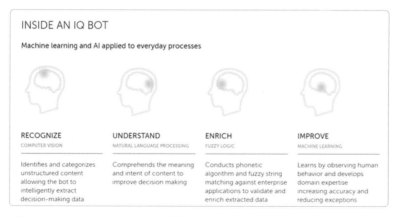

그림 7-7 〈Automation Anywhere의 IQ 봇 특징〉 (출처: https://www.automationanywhere.com/products/iq-bot)

〈그림 7-7〉은 Automation Anywhere의 IQ 봇 특징에 대해 보여주고 있습니다. 이 내용은 〈표 7-3〉에서 설명하고 있습니다.

인식 컴퓨터 비전	이해 자연 언어 처리	품질 향상 퍼지 논리	개선 기계 학습
비정형 콘텐츠를 인식하고 정형화하는 것으로, 로봇이 의사 결정 데이터를 추출할 수 있습니다.	콘텐츠의 의미와 의도를 이해하고 의사 결정을 개선합니다.	추출된 데이터를 검증하고 품질 향상을 위해 음성 알고리즘과 퍼지 문자열 매칭을 합니다.	인간의 행동을 관찰하는 것을 통해 학습합니다. 그 영역의 전문성을 높이고 정밀도 향상과 예외 상황을 줄입니다.

표 7-3 〈IQ 봇 특징〉

봇 인사이트

Automation Anywhere는 RPA의 운영과 모니터링을 위해 봇 인사이트를 제공합니다. 단순한 대시보드가 아닌 비즈니스 분석과 효율성을 높이고, 향후 방향을 예측할 수 있도록 지원합니다.

■ 인텔리전트 RPA 분석

Bot Insight는 운영 인텔리전트와 비즈니스 프로세스 인텔리전트를 모두 제공하는 유일한 분석 플랫폼입니다.

RPA의 자동화 봇은 빅데이터를 다루는 경우가 많습니다. 디지털 인력은 단순히 작업을 수행할 뿐만 아니라 작업 중에 발생한 예외 상황도 상세히 보고합니다. 또, 모든 내용이 기록되어 언제든지 다시 조회할 수 있습니다. RPA 분석을 통해 무엇이 중요한지를 분명하고, 다음에 무슨 일이 일어날지 예측할 수 있습니다.

■ Bot Insight의 특징

Bot Insight는 축적된 자료와 RPA 프로세스를 모니터링하여 그 결과를 보여주는 대시보드와 같은 기능을 제공합니다. 단순한 대시보드 기능을 넘어서서 비즈니스 인텔리전스가 가능하도록 합니다. 〈표 7-4〉는 Bot Insight의 특징을 설명하고 있습니다.

특징	설명
핸즈프리 비즈니스 분석	마우스 클릭만으로 고급 분석이 가능합니다. 사용자가 계속 추적하고 싶은 변수를 태그할 수 있습니다. 추가적인 통합 작업 없이 단일 표준 RPA 분석 솔루션으로 즉시 사용하실 수 있습니다.
실시간 운용 인사이트	자가 분석 봇이 즉시 활용 가능한 인텔리전트를 제공합니다. 운영 책임자와 담당자는 디지털 인력의 효율성과 효과를 지속해서 모니터링할 수 있고, 언제든지 비즈니스 프로세스의 운영 효율성을 정량화할 수 있습니다.
원활한 통합	자유롭게 커스터마이즈할 수 있는 분석 기능을 제공합니다. 이를 통해 고객의 여러 가지 분석 요구를 유연하게 충족시킬 수 있습니다. Bot Insight는 다른 주요 BI 솔루션과 원활한 통합을 하여 디지털 워크포스의 효율성을 향상합니다.

표 7-4 〈Bot Insight의 특징〉

봇 농장(Bot Farm)

Automation Anywhere는 RPA 봇이 집단으로 관리, 운영되고 모니터링되는 것이 농장과 같이 보인다고 하여 봇 농장이라고 부릅니다. 다음은 Automation Anywhere의 봇 농장의 장점에 대해 알아보겠습니다.

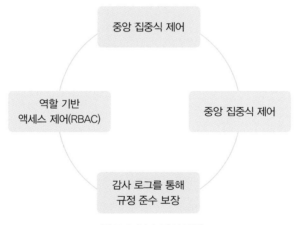

그림 7-8 〈봇 농장의 장점〉

■ 어떤 규모로 언제 어디서나 사용 가능한 봇

Automation Anywhere의 봇 농장(Bot Farm)은 업계 최초의 기업용 주문형 봇 플랫폼입니다. 한 번의 클릭으로 전 세계 어디서나 봇을 확장하고 노동력의 극대화를 도모할 수 있습니다. 수요에 따라 수천 개의 봇을 신속하게 개발, 배포 및 관리할 수 있습니다. 봇 농장은 확장성, 유연성, 내구성을 갖춘 주문형 RPA 플랫폼으로 대규모 기업에 적합합니다.

■ 대규모 기업의 확장성과 신속성 제공

주문형 RPA에 의해 디지털 인력을 실시간으로 확장할 수 있습니다. 가상화 기술의 활용으로 순식간에 수천 개의 주문형 RPA 소프트웨어 봇을 사용할 수 있습니다. 예기치 않은 업무량 급증과 대량의 비즈니스 프로세스 발생 시 신속하게 대응할 수 있습니다. 봇 농장을 통해 몇 분 안에 서비스가 가능합니다.

특징	설명
신속한 배치	설치가 필요 없는 셀프서비스 관리, 포털 대화형 대시보드, 실시간 로봇 성능 분석 제공으로 IT 전담부서에 대한 요구 사항을 줄일 수 있습니다.
즉시 확장	자동 확장을 통해 예상치 못한 업무량 증가에 신속하게 대응합니다.
어떤 환경에서도 적용 가능	공공 클라우드(Public Cloud), 사설 클라우드(Private Cloud), 서버, 데스크톱, 메인 프레임 등 어떤 기술 환경에도 적용이 가능합니다.
고급 보안 수준	NIST 800-53, AES 256bit 암호화 TLS 1.2 등 기업 수준의 보안을 제공합니다.

표 7-5 〈봇 농장의 특징〉

■ 로컬에서 전 세계로 배포 관리

봇 농장은 Automation Anywhere 엔터프라이즈에 통합되어 있습니다. Automation Anywhere 엔터프라이즈는 세계 700개 이상의 고객에게 신뢰할 수 있는 세계에서 가장 널리 판매되고 있는 RPA 디지털 인력의 플랫폼 중 하나입니다.

봇 스토어(Bot Store)

Automation Anywhere의 봇 스토어는 최단 시간 내에 봇을 구현하고 활용할 수 있게 도와줍니다. 미리 구축된 봇들을 모든 비즈니스 자동화에 사용할 수 있습니다. 또한, 다양하고 고급 기술의 적용된 봇들을 직접 작성하지 않고, 필요한 봇을 선택하여 사용할 수 있습니다.

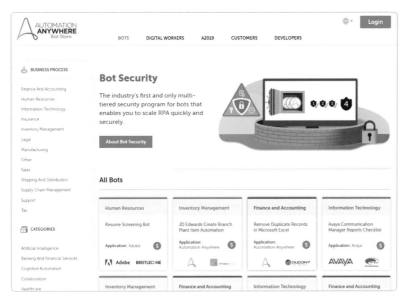

그림 7-9 〈Automation Anywhere 봇 스토어〉 (출처: https://botstore.automationanywhere.com/)

■ 봇 스토어에서 제공되는 봇의 종류

Automation Anywhere는 RPA를 운영 상황에 맞춰 여러 가지 봇을 제공합니다. 〈표 7-6〉은 Automation Anywhere에서 제공하는 봇을 종류에 따라 설명하고 있습니다.

봇 종류	설명
프로세스 봇	Order to Cash(OTC : "수주 - 출하 - 청구 - 회수"라는 일련의 판매 관리 프로세스), 조달에서 지급까지 이어지는 비즈니스 프로세스를 신속하게 자동화할 수 있습니다.
응용 프로그램 봇	SAP, Salesforce, ServiceNow 및 Zendesk 등의 응용 프로그램과 즉시 연계하여 다양한 작업을 수행합니다.
인지 봇	컴퓨터 버전 NLP과 기계 학습 등의 인지 능력으로 비정형 데이터를 인식하고 처리합니다.

표 7-6 〈봇의 종류〉

■ 봇 스토어의 특징

Automation Anywhere의 봇은 플러그 앤 플레이, 높은 완성도, 쉬운 검색 기능을 제공하고 있습니다. 다음은 Automation Anywhere의 봇의 특징에 대해 알아보겠습니다.

봇 스토어 특징	설명
플러그 앤 플레이	봇이 이미 완성되어 있기 때문에 자동화가 가속되고, 프로세스의 기능을 즉시 구현할 수 있습니다. RPA 프로젝트의 시작에서 가치 창출까지 걸리는 시간을 단축할 수 있습니다.

완성된 솔루션	클라우드에 있는 다양한 기업의 에코 시스템을 통해 프로세스를 수행할 수 있는 최신 로봇을 제공합니다.
필요한 로봇을 쉽게 검색	업종, 프로세스 유형, 응용 프로그램 인지 능력 등 세부적인 카테고리 필터를 이용하여 필요한 로봇을 신속하게 찾을 수 있습니다.

표 7-7 〈봇의 특징〉

모바일 앱

Automation Anywhere는 상시로 모니터링하고 긴급 상황 발생 시 즉시 통보받을 수 있도록 모바일 앱을 제공하고 있습니다.

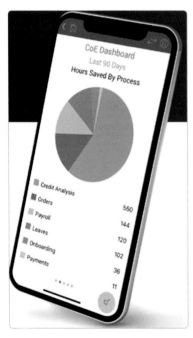

그림 7-10 〈Automation Anywhere 모바일 앱〉
(출처: https://www.automationanywhere.com/products/apps)

RPA 모바일 앱은 RPA 대시보드를 실시간으로 언제 어디서나 접속할 수 있는 서비스입니다.

이 모바일 앱은 봇을 시작하거나 정지, 일시 정지시키는 등의 관리를 할 수 있습니다. 또 봇들의 성능을 모니터링하거나 복잡한 ROI 대시보드에 접속할 수 있습니다. 알람 및 경고 수신은 RPA의 활용 가치를 더욱 높여줍니다.

Automation Anywhere의 구조

다음은 Automation Anywhere의 구조에 대해 알아보겠습니다.

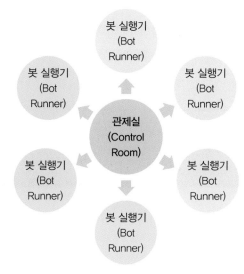

그림 7-11 〈Automation Anywhere의 구조〉

Automation Anywhere는 관제실(Control Room), 봇 생성자(Bot Creators), 봇 실행기(Bot Runner)로 구성되어 있습니다. 이 3가지 컴포넌트의 기능은 다음과 같습니다.

■ 봇 생성자(Bot Creators)는 주로 봇을 생성합니다.

■ 관제실(Control Room)

관제실은 아키텍처상 가장 중요한 컴포넌트입니다. 관제실은 기본적으로 봇 생성자에 의해 생성된 봇을 제어하는 웹 서버입니다. 관제실의 주요 기능은 다음과 같습니다.

- 중앙 집중 사용자 관리
- 자동 배포
- 대시보드 제공
- 소스 관리

■ 봇 실행기(Bot Runner)

봇 실행기는 봇을 실행할 수 있으나 자동화를 생성하거나 업로드할 수 없습니다. 봇 실행기는 여러 개의 봇을 병렬로 실행할 수 있습니다.

| Bancolombia(Automation Anywhere 도입 사례) |

그림 7-12 〈Bancolombia와 Automation Anywhere 연구 사례〉
(출처: https://www.automationanywhere.com/images/casestudy/Bancolombia-Automation-Anywhere-CaseStudy.pdf?utm_source=facebook&utm_medium=social-owned&utm_campaign=leadership-campaing&utm_term=bancolombia&utm_content=case-study)

1 회사 소개

그림 7-13 〈Bancolombia 회사 로고〉 (출처: https://www.automationanywhere.com/customers/case-studies)

Bancolombia는 콜롬비아, 파나마, 엘살바도르, 케이맨 제도, 페루, 과테말라 등 12개국의 고객에게 금융 서비스를 제공하는 남미에서 10번째로 큰 대형 금융 그룹입니다.

2 해결 과제

Bancolombia는 사람, 로봇, 인지 기능 및 분석 기능을 결합한 디지털 RPA 로봇의 개발을 해야 했습니다. 이 디지털 RPA 로봇을 통해 은행의 고객 경험을 향상하고, 임직원의 반복적인 작업을 축소하고 자동화하여 전반적인 효율성을 높이기를 원했습니다.

Bancolombia의 과제 중 가장 큰 문제점은 임직원의 일하는 방식에 대한 변화와 임직원과 디지털 RPA 로봇의 업무 조정이었습니다.

3 솔루션

Bancolombia에서는 Automation Anywhere의 디지털 RPA 로봇을 사용하여 정리된 포맷의 고객 데이터, 반구조적 데이터 및 비구조적 데이터를 구분하고 이를 정리하여 BPM에 입력했습니다.

Automation Anywhere의 디지털 RPA 로봇이 Bancolombia의 수백 개의 업무 프로세스를 자동화했습니다. 이를 통해 백 오피스의 효율성이 크게 향상되어, 고객에 대한 서비스 제공 시간이 크게 단축되었습니다. 그 결과 고객 만족지수가 많이 증가했고 추가적인 이익을 얻을 수 있었습니다.

Bancolombia는 사전 평가 단계에서 디지털 RPA 로봇의 가능성을 평가할 수 있었습니다. Bancolombia의 비즈니스팀과 IT팀은 새로운 기능을 중요하게 생각했기 때문에 다양한 도구를 검토하고 최적의 구현 전략을 위한 기준을 세우고자 했습니다. 이에 따라 예상되는 투자 수익을 시뮬레이션하고, 다음과 같은 요구 사항을 제시하는 비즈니스 케이스를 작성했습니다.

- RPA 도구의 정의
- 비즈니스 분야와 IT 분야 간의 균형 잡힌 책임 분담을 실현하는 거버넌스 모델
- 운영 모델
- CoE의 구현
- 보안 체계
- 기술 아키텍처
- 프로세스의 우선순위 체계

4 성과

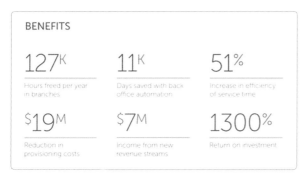

그림 7-14 〈Bancolombia의 RPA 성과〉 (출처: https://www.automationanywhere.com/customers/case-studies)

Bancolombia는 지능형 자동화를 통해 프런트 오피스 기능과 백 오피스 기능을 효율적으로 개선할 수 있었습니다. 전반적인 은행 업무 프로세스가 원활하고 신속하게 완료되었습니다. Bancolombia는 1,400만 이상의 고객과 32,000명의 직원을 고용하고 있으며, 매일 방대한 고객 데이터를 수집, 활용하고 있습니다. 디지털 RPA 로봇의 기능을 도입한 이후 모든 지점에서 약 127,000시간 이상 업무처리 시간을 절감하고 고객 만족도를 크게 향상하여 추가적인 이익을 얻을 수 있었습니다.

Bancolombia에 있어서 RPA는 단순한 기술이 아니라 지능형 자동화 프로세스 프레임워크로 조직의 목표 달성을 위해 추진하는 하나의 전략입니다.

5 **향후 전망**

Bancolombia는 첫 해에 수백 대의 디지털 RPA 로봇을 구현한 후에도 계속 디지털 RPA 로봇의 개발과 도입을 확대해 가고 있습니다. Bancolombia는 인간의 능력, RPA, 인지 기능, 분석을 결합하여 은행 고객에게 세계적인 수준의 서비스를 제공할 예정입니다.

Automation Anywhere로 RPA 맛보기!

따라하기편

08장 Automation Anywhere 다운로드 및 인터페이스 설명

이제부터 진행할 내용인 RPA 직접 따라 해보기를 하기 위해 RPA 툴 중 누구나 무료로 사용 가능한 커뮤니티 에디션 버전을 제공하는 Automation Anywhere 제품을 다운로드 및 설치 방법과 인터페이스에 대하여 알아보겠습니다.

Automation Anywhere 가입 및 다운로드

Automation Anywhere 다운로드를 위해서는 간단한 가입 정보를 입력 후 Email을 수신하면 Email에 다운로드 및 로그인 정보가 함께 전송되게 됩니다. 해당 방법을 순차적으로 설명하겠습니다.

01 먼저 'https://www.automationanywhere.co.kr'에 접속합니다.

02 우측 상단의 [FREE TRIAL 시작]을 클릭합니다.

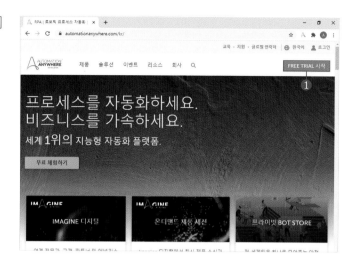

03 3개 메뉴 중 제일 왼쪽의 [ENTERPRISE 버전 11] 하단의 [FREE TRIAL 시작하기]를 클릭합니다

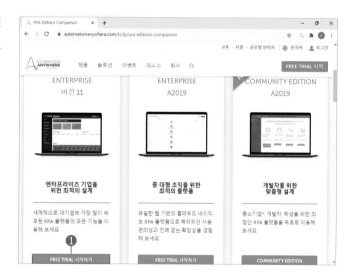

04 '이름, 성, 회사-Email, 국가, 전화번호' 등의 정보를 입력합니다. 다운로드 가능한 정보가 전송되므로 정상적인 Email 주소를 입력해야 합니다.

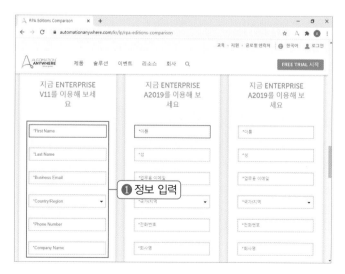

05 필수 정보를 모두 입력하고 하단의 Automation Anywhere의 약관 확인 및 필수 항목 체크 박스를 체크하면 활성화되는 [START FREE TRIAL]을 클릭합니다.

06 정상적으로 모두 입력 후에는 하단 화면이 나타납니다. 이제 가입 시 4단계에서 입력한 Email 사이트로 이동합니다.

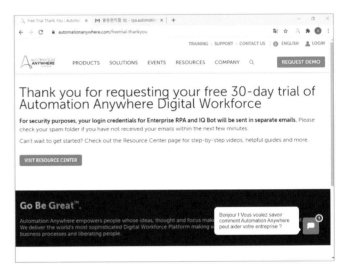

07 4단계에서 입력한 Email 주소에 접속하면 Automation Anywhere에서 발송한 Email을 확인할 수 있으며, 접속 가능한 정보가 담긴 컨트롤룸 URL과 ID로 사용 가능한 Email 정보와 임의로 생성된 암호를 포함하고 있습니다. 1번의 Download를 선택해서 프로그램을 다운로드 받습니다.

08 다운로드 받은 파일의 압축을 해제하면 다음과 같이 2개의 파일을 확인할 수 있습니다.

Automation Anywhere 설치하기

이제 다운받은 제품의 설치를 진행해볼 예정입니다. 기본적인 설치 실행을 위해서는 Email에 받은 정보가 지속해서 필요하므로 잘 보관하기를 바랍니다.

01 다운로드한 'Automation_Anywhe re_Community_Edition.exe' 파일을 더블클릭하여 설치 프로그램을 실행합니다. 첫 화면에서 [Next]를 클릭합니다.

02 설치 동의문 License 관련 내용 확인하고 [Accept]를 체크한 후 [Next]를 클릭합니다.

03 설치 경로를 확인 후 [Next]를 클릭합니다. 내 컴퓨터가 32비트인 경우 'C:\Program Files'가 기본 경로이며, 64비트인 경우의 기본 설치 경로는 'C:\Program Files (x86)'로 설정되어 있습니다. 해당 경로의 정보 변경을 원할 경우 [Browse]를 클릭하여 변경합니다.

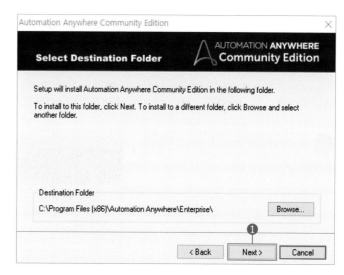

04 Plugin Installation 내용을 확인할 수 있는데, 이번 따라하기에서는 Edge 브라우저는 사용하지 않을 예정이므로 체크 해제 후 [Install]을 클릭합니다.

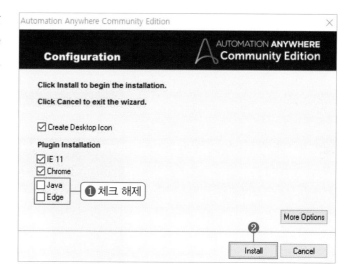

05 설치가 완료되면 바탕 화면에 실행 아이콘이 생성됩니다. 실행 여부를 묻는 옵션을 체크하고 [Finish]를 클릭하여 설치 작업을 종료합니다.

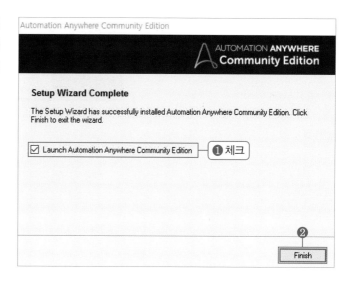

TIP Email이 도착되지 않았을 경우 스팸함을 확인하세요

Automation Anywhere 제품의 실행을 위해서는 Email로 받은 정보를 입력 후 실행해야 합니다. Control Room 정보와 Username 정보는 한번 로그인하면 입력한 로그인 정보가 계속 유지되지만, Password 정보는 Automation Anywhere 실행할 때마다 입력해야 하므로 잘 메모해 두어야 합니다.

06 Automation Anywhere의 로그인 화면이 나타납니다.

07 로그인 정보를 정상적으로 입력하면 Automation Anywhere가 실행되는 것을 확인할 수 있습니다.

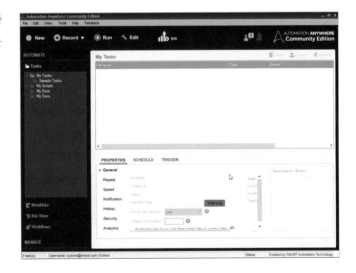

TIP

제공 받은 버전은 30일만 동작 가능하며, 가입한 이메일로 설치 다운로드 링크가 오지 않는 경우 다른 이메일 계정으로 회원 가입이 필요합니다.

Automation Anywhere 인터페이스 이해하기

Automation Anywhere의 기본적인 인터페이스에 대하여 간략하게 소개하고자 합니다. 리본 UI와 왼쪽 작업 창 그리고, Script를 작성하는 메뉴에 대하여 간단하게 알아보겠습니다.

❶ 메뉴 바 : 저장이나, 세부 속성값 변경, 도움말을 제공합니다.

❷ 리본 메뉴 : 리본 메뉴는 새로운 생성(New), 녹화(Record), 실행(Run), 편집(Edit), ROI로 구성되어 있습니다.

❸ AUTOMATE : Tasks, MetaBots, Bot Store, Workflows 항목으로 구성되어 있습니다.

❹ Tasks : 좌측 메뉴의 Tasks는 지금까지 기록된 Task 그룹을 확인할 수 있습니다. 그룹 설정을 통해 더욱 편리한 Task 관리가 가능합니다.

❺ MetaBots : 응용 프로그램 자동화에 사용됩니다.

❻ Bot Store : 다양한 디지털 Bot을 Bots Marketplace에서 검색 및 사용이 가능합니다.

❼ Wolkflows : 설계에 도움을 주는 개선 정보나, 워크플로 디자이너 등을 통해 자동화된 빌드를 실행할 수 있습니다.

❽ My Tasks : 내가 작성한 Task의 리스트를 확인할 수 있습니다. Task 정렬 순서는 생성 순서가 아닌 [File Name]의 알파벳 순이며, [My Tasks]의 이름은 고정이 아닌 좌측 메뉴의 [Tasks] 선택에 따라 이름과 리스트는 변경할 수 있습니다.

⑨ PROPERTIES : 현재 선택된 Task의 속성값 정보입니다.

⑩ SCHEDULE : 일정 관리를 통해 편리하게 RPA를 수행할 수 있게 도와줍니다.

⑪ TRIGGER : 컴퓨터에서 발생하는 이벤트에 따라 작업이 자동으로 실행될 수 있도록 도와주는 기능입니다.

기본 메뉴 소개

기본적으로 구성된 메뉴 중 먼저 사용자가 처음 만나는 화면을 먼저 확인해 보겠습니다. 해당 메뉴는 Script를 편집하기 전에 저장된 Script 파일 단위로 관리하는 기능과 Bot 관련 기능 등 전반적으로 자동화를 관리하는 메뉴로 구성되어 있습니다.

■ New

새롭게 Task를 생성할 때 사용하는 기능입니다. 처음부터 Script를 기반으로 시작할 경우 자주 사용할 수 있지만, Automation Anywhere를 처음 작업하는 경우 Record를 기반으로 시작 후 편집하는 방식으로 접근하는 것을 추천합니다.

■ Record

- Smart Recorder : 현재 실행된 제품을 선택하여 동작 값을 녹화하는 기능
- Screen Recorder : 특별한 선택 없이 동작 값을 녹화하는 기능
- Web Recorder : IE 기반으로 Web 동작을 기록하는 기능

■ Run

Run은 My Tasks 리스트에서 선택한 Task나 현재 편집 중인 Task를 실행하는 기능입니다. 하단 좌측 메뉴의 Tasks의 My Tasks에서 항목을 선택 후 Run을 클릭하면 해당 Task가 실행됩니다.

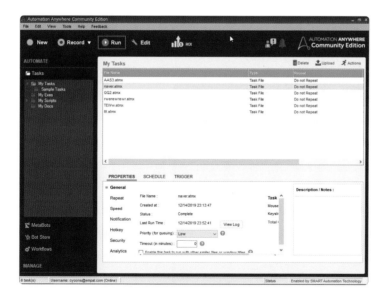

■ ROI

프로세스 개선에 대한 투자 수익을 계산하는 계획 도구입니다.

■ Tasks

좌측 메뉴의 Tasks는 지금까지 기록된 Task 그룹을 확인할 수 있습니다. 그룹 설정을 통해 보다
편리한 Task 관리가 가능합니다.

■ My Tasks

내가 작성한 Task의 리스트를 확인할 수 있습니다. Task 정렬 순서는 생성 순서가 아닌 'File Name'의 알파벳 순이며, My Tasks의 이름은 고정이 아닌 좌측 메뉴의 Tasks 선택 항목 이름이며, 선택에 따라 이름과 리스트는 변경할 수 있습니다.

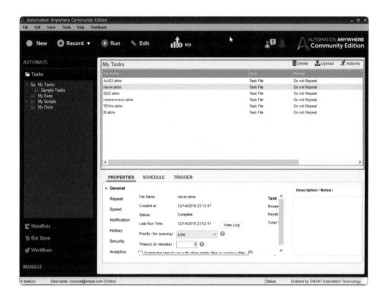

■ Edit

Task의 편집을 할 수 있는 메뉴입니다. Run과 함께 가장 자주 사용하는 메뉴입니다. Edit 선택 시 새로운 편집 창이 표시됩니다.

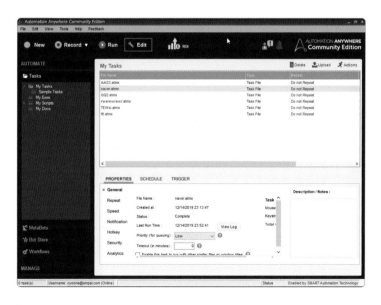

Script 메뉴 안내

Recording을 하거나 입력한 내용은 Script 단위로 편집 및 동작이 가능합니다. Script를 편집 및 동작하는 화면은
다음과 같습니다.

■ [New] > [Edit] > [Commands]

　　[Commands] 메뉴는 [New] > [Edit] 메뉴 클릭 시 새롭게 표시되는 창에서 확인 가능합니다.
프로젝트에서 추가할 커맨드들을 검색해서 추가하는 도구이며, 웹 이벤트, 응용 프로그램 등을
제어하는 이벤트를 포함하고 있습니다.

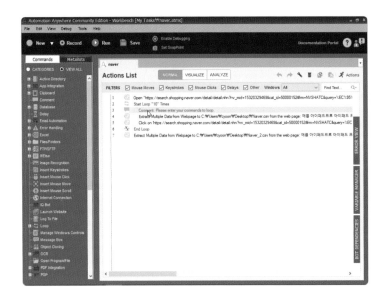

■ [New] > [Edit] > [Variable Manager]

Task 동작에 사용되는 변수를 추가하거나 편집할 수 있습니다.

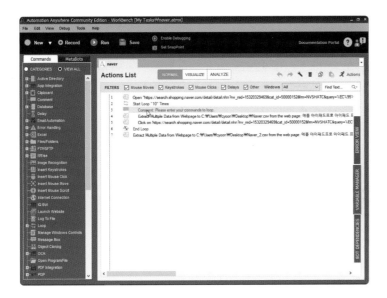

■ [New] > [Edit] > [Actions List]

Task 동작을 기록하고 편집할 수 있습니다.

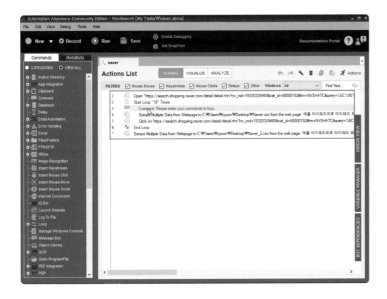

| UiPath 다운로드 |

가장 유명한 RPA 회사 중 하나인 UiPath에서도 무료로 사용해 볼 수 있는 커뮤니티 버전을 제공하고 있습니다. 홈페이지 및 제품에서 한국어도 제공하므로 편리하게 사용 가능합니다. 'https://www.uipath.com'에 접속 후 가입하면 다운로드가 가능합니다.

◀ UiPath 홈페이지

◀ UiPath 다운로드 데이터

◀ UiPath Tool 실행 모습

09장 Automation Anywhere로 예제 Web 데이터 추출하기

Automation Anywhere의 가장 효율적인 기능 중 하나인 Web 데이터 추출하기에 대하여 알아보겠습니다.

• 완성 파일 : 9장_생성 파일/Banana.cvs, Banana_Task.atmx

데이터 추출용 링크 생성

데이터 추출을 위해서는 조건에 맞는 사이트의 링크가 필요합니다. 해당 링크 생성을 위해 브라우저를 실행합니다(웹 브라우저 종류는 상관없습니다).

01 대표적인 구매 사이트 중 하나인 옥션에 접속해서 '바나나'를 검색하여 결과를 확인합니다.

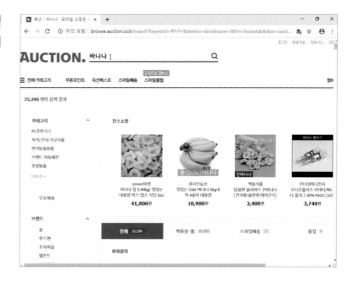

02 정렬 순서는 '평점높은순'으로 설정하였습니다.

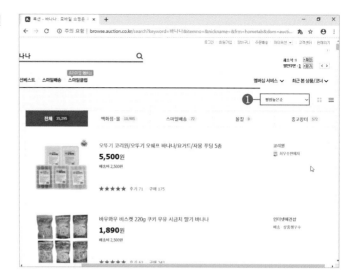

03 브라우저 주소를 모두 선택하여 복사합니다.

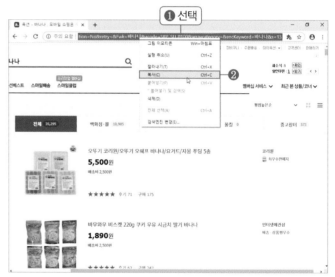

Automation Anywhere 실행하기

이제 Script 작성을 위하여 Automation Anywhere를 실행하겠습니다. 로그인 정보를 먼저 확인해주세요.

01 바탕 화면의 바로가기 아이콘을 클릭하여 Automation Anywhere를 실행합니다.

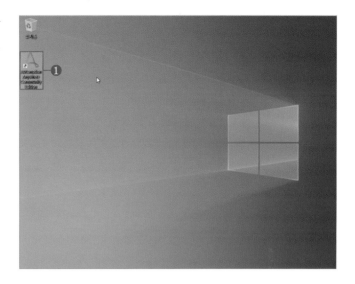

02 컴퓨터를 재부팅 후 처음 실행하는 경우 로그인 페이지가 먼저 나타나며, Control Room 값과 Username 값은 유지되지만 Password 값은 매번 입력이 필요합니다(8장 참고).

03 Automation Anywhere가 실행됩니다.

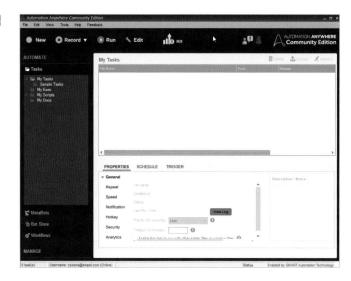

데이터 추출하기

Automation Anywhere에서는 Web 정보를 쉽고 빠르게 가져오는 기능을 제공하고 있습니다. 단순히 하나의 값을 가져오는 것이 아니라 몇 번의 클릭만 하면 패턴 분석을 통하여 대량의 정보를 한 번에 가져올 수 있습니다.

01 [Record]의 우측 확장 버튼을 클릭하고 [Web Recorder]를 클릭합니다.

02 [Web Recorder] 대화상자가 나타 나며, 이곳에서 URL을 입력할 수 있습 니다.

03 앞에서 복사한 웹 주소를 붙여 넣 고 [Start] 단추를 클릭합니다.

04 [Web Recorder Tip] 대화상자가 나타나면 [OK] 단추를 클릭합니다. 옵 션 체크를 통해 다음 동작부터는 대화 상자가 나타나지 않도록 설정할 수 있 습니다. 여기에서는 나타나지 않도록 설정하였습니다.

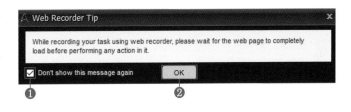

05 옥션에서 바나나를 '평점높은순'으로 검색한 웹 페이지가 나타나며 우측 하단에 [Web Recorder]가 함께 표시됩니다. [Web Recorder]의 2번째 단추인 [Extract Data] 단추를 클릭합니다.

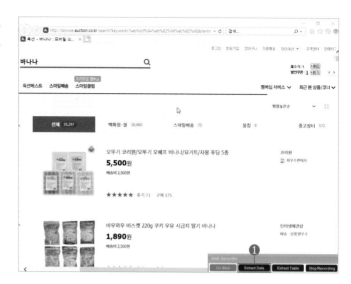

06 [Extract Data Option] 대화상자가 나타납니다. 현재는 연속적으로 패턴이 고정된 데이터를 추출할 예정이므로, 두 번째 옵션인 [Pattern Based data]를 체크하고 [Next] 단추를 클릭합니다.

07 마우스 움직임에 따라 데이터에 사각형 테두리가 생깁니다. 이때 클릭에 따라 데이터 추출이 결정되는 데 지금은 제품 이름을 연속해서 선택할 예정입니다.

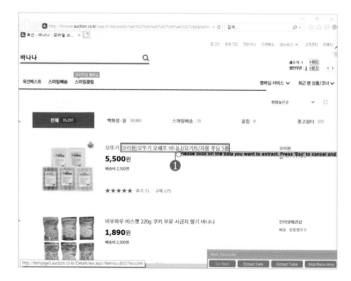

08 처음 상품명을 클릭하면 작은 대화상자가 나타나는데 [Capture] 단추를 클릭하여 추가로 선택할 수 있도록 합니다.

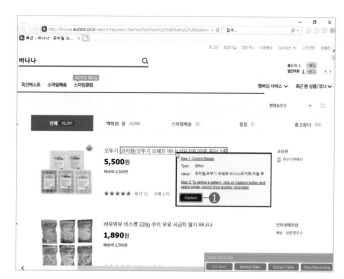

09 두 번째 상품명을 선택합니다.

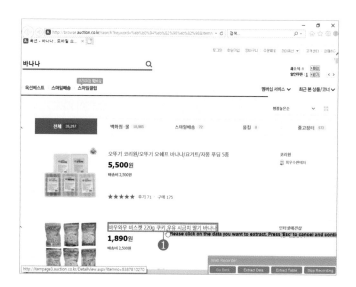

10 2번의 데이터를 연속해서 선택하면 [Extract data] 대화상자가 나타나며, [Value]는 앞에서 선택한 글자의 일부가 자동으로 들어갑니다. [Enter Column Name]은 데이터 추출 후 줄 이름을 정해 줘야 합니다. 여기에서는 'Product Name'으로 설정하면 됩니다. [Select Action]은 'Get Text'로 유지하고 [Save] 단추를 클릭합니다.

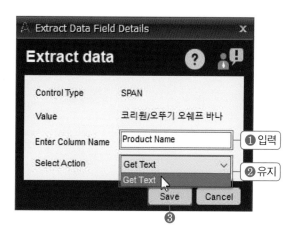

11 [Web Recorder – Extract Multip le Data Wizard] 대화상자가 나타나게 됩니다. 앞에서 설정한 값이 'Product Name' 열에 추가되었음을 확인할 수 있습니다. 추가로 가격 데이터를 더 추출할 예정이므로 [Add] 단추를 클릭합니다.

12 기존 웹 페이지로 이동하여 범위를 표시해주며 클릭할 수 있는 상태로 보여줍니다. 비용 데이터를 추출하기 위해 가격을 클릭합니다. 이후 8단계와 마찬가지로 [Capture] 단추를 클릭합니다.

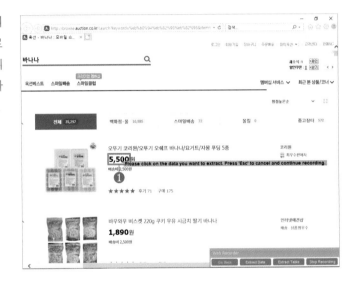

13 두 번째 상품 가격은 동일한 상품의 가격을 클릭하는 것이 중요합니다.

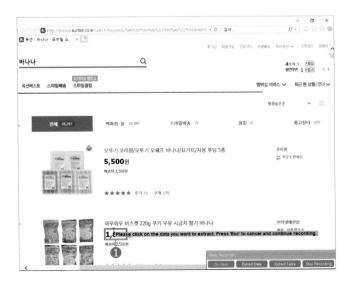

14 연속적으로 선택을 완료하면 [Extract Data Field Details] 대화상자에서 [Enter Column Name]을 입력하는 대화상자가 다시 나타나는데 'Price'를 입력한 후 [Save] 단추를 클릭합니다.

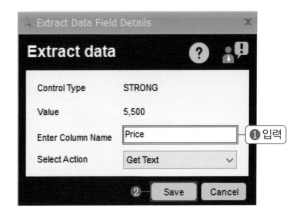

15 [Web Recorder – Extract Multiple Data Wizard] 대화상자가 다시 나타나고 'Price' 열이 추가되어 총 2개의 항목이 표시된 것을 확인하고 [Next] 단추를 클릭합니다.

16 2단계인 Select Repetition 페이지입니다. 이 페이지의 경우 상품 정보를 여러 페이지에서 추출할 수 있도록 도와주는 옵션을 제공하고 있습니다. [The data spans across multiple pages] 체크 박스를 체크하면 우측 중앙의 [Capture] 단추가 활성화됩니다.

17 활성화된 [Capture] 단추를 클릭하면 웹 페이지로 이동하며 하단의 페이지 번호가 표시되는 위치로 이동합니다. 그 후 우측 끝에 있는 [Next] 단추를 한 번 클릭합니다.

18 [Next Button Details]에 정상적으로 정보가 입력된 것을 확인 후 [Next] 단추를 클릭합니다.

19 3단계인 'Preview Data' 페이지입니다. 여기서 정상적으로 데이터를 가져오는지 어떤 파일로 저장할지를 결정할 수 있습니다. 먼저 우측 위에 [Preview Data] 단추를 클릭합니다.

20 설정된 정보인 '제품 이름'과 '가격 정보' 데이터가 추출되어 표시되는 것을 확인할 수 있습니다. [Extract Data to a csv file]은 직접 입력해도 되지만 좀 더 편리하게 사용하기 위해 우측의 [Browse] 단추를 클릭합니다.

21 [열기] 대화상자가 나타납니다. 기존 데이터가 있다면 현재 추출된 정보를 추가로 입력할 수 있지만 지금은 처음 추출하는 단계이므로 위치는 바탕 화면으로 설정하고 파일 이름을 'Banana.csv'로 입력 후 [열기] 단추를 클릭합니다.

22 추출된 데이터에 한글이 포함되었을 때 [Encoding]은 기본값인 'ANSI'보다는 'UTF8'로 설정하는 것을 추천합니다. [Finish] 단추를 클릭하면 [Web Recorder – Extract Multiple Data Wizard] 대화상자가 닫힙니다.

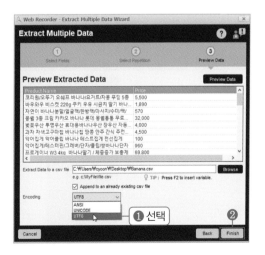

23 하지만 아직 Recording이 끝난 것
은 아니므로 우측 하단의 [Web Reco
rder] 대화상자에서 [Stop Recording]
단추를 클릭합니다.

24 현재 작업한 내용을 저장할지 묻
는 [Save Task] 대화상자가 나타나면
[Filename]을 'Banana_Task'로 입력한
후 [Save] 단추를 클릭합니다.

25 [My Tasks]에 'Banana_Task.atmx'
가 추가된 것을 확인할 수 있습니다.

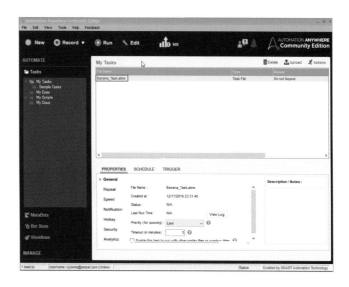

26 'Banana_Task.atmx'를 선택하고 [Run]을 클릭하면 데이터 추출이 시작됩니다.

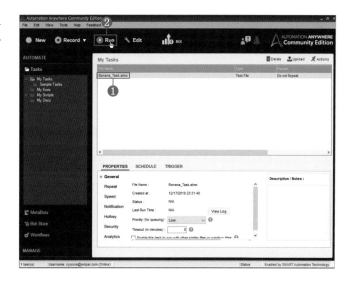

27 어느 정도 추출이 진행되면 하단 [Esc]를 눌러 추출 작업을 중지합니다. 샘플 검색어인 '바나나' 검색 결과가 약 35,000개이므로 모두 추출될 때까지는 시간이 매우 오래 걸릴 수 있습니다.

28 추출이 중지된 후 바탕 화면을 보면 'Banana.csv' 파일이 생성된 것을 확인할 수 있습니다.

TIP

추출 작업을 중간에 멈추게 되면 추출이 진행된 데이터는 사용 가능한 형식으로 남아 있게 됩니다.

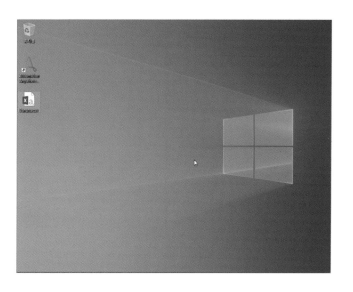

추출 데이터 편집하기

이번에 생성된 데이터의 경우 사용자의 검색 환경이나 시간에 따라 다른 데이터가 누적될 수 있지만 해당 데이터는 이후 원본 데이터로 활용될 예정입니다.

01 'Banana.csv' 파일을 선택하고 열어봅니다. 작업이 멈춘 시점에 따라 다르겠지만 여기에서는 약 2천 개의 데이터가 추출된 것을 확인할 수 있었습니다. 해당 기능의 경우 검색 조건을 조절하여 세밀하게 설정할 경우 쉽고 빠르게 유용한 데이터를 추출할 수 있습니다. 추출한 파일은 뒤에서 사용할 것이므로 잘 보관해주세요.

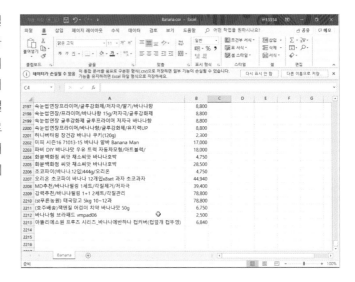

TIP

[Record]에서 작업한 내용은 Script 형식으로 기록되고 있습니다. 그 내용을 확인하려면 먼저 [My Tasks]에서 'Banana_Task.atmx' 파일을 선택한 후 [Edit]를 클릭합니다.

[Edit] 후 나타나는 화면의 [Actions List] 하단의 Script로 지금까지 동작한 내용이 기록된 것을 확인할 수 있습니다.

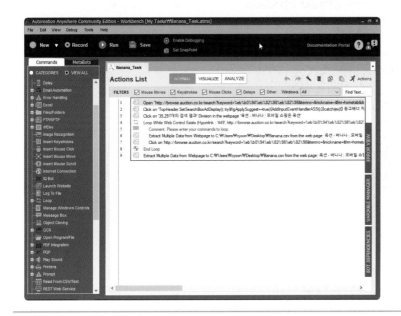

TIP Web Recorder 녹화 시 나타나는 4개 버튼?!

• Go back : 이전 페이지로 이동합니다.

• Extract Data : Web Recorder 과정에서 추출을 원하는 데이터의 종류 선택이 가능합니다. 'Regular data'와 'Pattern based data'를 선택할 수 있습니다. 종류를 선택하면 마우스로 선택한 값의 추출이 시작됩니다.

• Extract Table : 웹에서 표 형식의 데이터를 추출합니다.

• Stop Recording : Web Recorder을 멈춥니다.

| UiPath의 Web 데이터 추출하기 |

굉장히 편리해 보이는 Web 데이터 추출하기 기능은 다른 RPA 툴인 UiPath에서도 유사한 '웹 레코딩' 기능으로 제공하고 있습니다. 사용 방법 또한 유사하므로 이번 과정을 제대로 학습했다면 UiPath에서도 쉽게 사용 가능합니다.

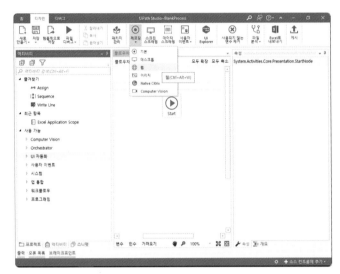

◀ UiPath에서도 WebRecorder 기능을 제공하고 있으며, 해당 메뉴의 위치는 레코딩의 웹 메뉴를 선택하면 됩니다.

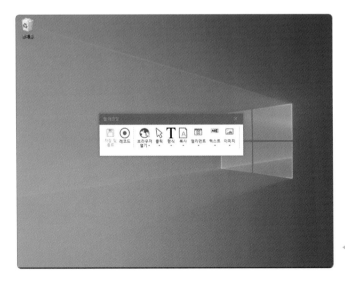

◀ UiPath에서 WebRecorder 메뉴 화면입니다.

10장

Automation Anywhere로 xlsx 데이터 추출하기

가장 많이 사용되는 프로그램 중 하나인 Excel에서 데이터를 읽고 쓰는 작업을 통해 기본적인 Automation Anywhere의 사용 방법에 대하여 알아보고자 합니다. 간단한 엑셀 데이터를 미리 만든 후 Automation Anywhere에서 읽고 다시 새로운 파일을 생성하는 작업을 진행할 예정입니다.

- 예제 파일 : 10장_생성 파일/환율.xlsx
- 완성 파일 : 10장_생성 파일/Import_Excel.atmx

xlsx 샘플 파일 만들기

작업을 하기 전 추출에 사용할 xlsx 파일을 제작하려고 합니다. xlsx 파일의 경우 가장 많이 사용되는 문서 형식인 만큼 자신에게 맞는 형식의 샘플을 제작하고 추출해 본다면 가장 효율성 높은 RPA를 업무에 적용할 수 있을 것입니다.

01 Automation Anywhere에서 사용할 xlsx 예제 샘플을 만들기 위해 Excel을 실행합니다.

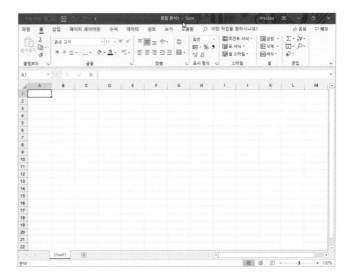

02 간단하게 4일치의 환율 데이터를 작성합니다. 여기에서는 환율 내용과 테두리 속성을 지정하였습니다.

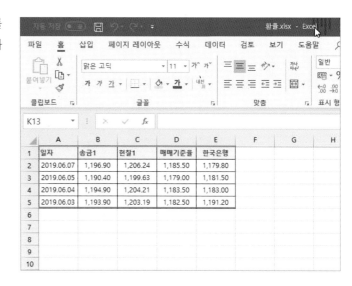

03 작성을 완료한 파일을 바탕 화면에 '환율.xlsx' 파일로 저장합니다.

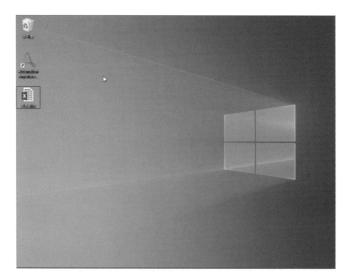

xlsx 데이터 추출하기

이제 샘플 작업이 완료되었으므로 Automation Anywhere에서 xlsx 파일의 데이터 추출 작업을 진행하겠습니다.

01 Automation Anywhere를 실행하고 새로운 RPA Script를 작성하기 위해 [New]를 클릭합니다.

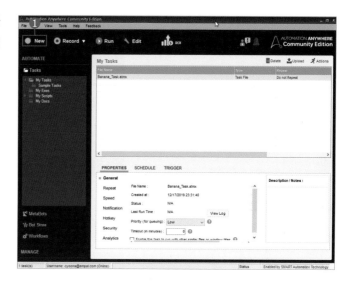

02 [Automate] 대화상자가 나타나면 [Workbench]를 클릭합니다.

03 [Commands]에서 [Excel] > [+]를 클릭하여 하위 메뉴를 펼치고, 미리 작성해둔 xlsx 데이터를 불러오기 위해 하위 메뉴 중 [Open Spreadsheet]를 더블클릭합니다.

04 [Excel] 대화상자가 나타나면 [Spreadsheet Path]를 통해 준비한 파일을 선택합니다. 경로를 직접 입력하거나 우측의 [...] 직접 선택할 수도 있습니다.

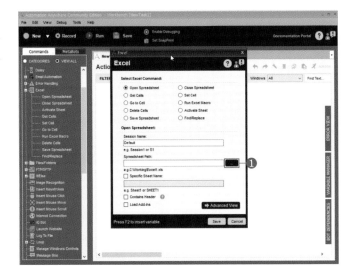

05 [열기] 대화상자가 나타나면 바탕화면에 만들어둔 '환율.xlsx' 파일을 선택하고 [열기] 단추를 클릭합니다.

06 [Spreadsheet Path]에 경로가 업데이트된 것을 확인할 수 있습니다. [Save] 단추를 클릭하면 Actions List 데이터가 지정된 내용으로 업데이트된 것을 확인할 수 있습니다.

07 방금 입력한 스크립트 뒤로 '환율.xlsx' 파일이 정상적으로 열리는지 확인하기 위해서는 [Run] 메뉴를 실행해야 하는데 비활성화된 것을 확인할 수 있습니다. [Run]을 활성화시키기 위해서는 [Save] 동작을 먼저 진행해야 합니다.

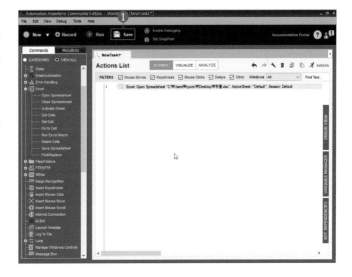

08 [Save]를 클릭하면 저장 파일명을 설정할 수 있는 [Save Task] 대화상자가 나타납니다. [Directory]의 기본값은 'My Tasks'로 지금은 변경하지 않습니다. [Filename]에 'Import_Excel'을 입력한 후 [Save] 단추를 클릭합니다.

09 파일명 저장 후 상단 프레임의 정보에서 파일명 정보가 업데이트된 것을 확인할 수 있습니다.

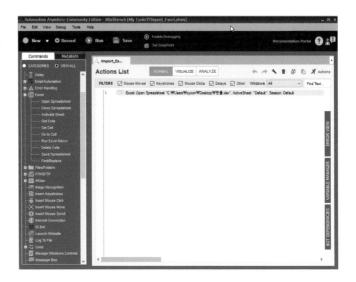

10 이제 활성화된 [Run]을 클릭하면 Excel 문서가 열리는 것을 확인할 수 있습니다. Automation Anywhere에 익숙하지 않은 동안은 동작 과정이 정상적으로 진행되는지 여부를 단계별로 확인하는 것이 안정적으로 Script를 생성하는 데 도움이 됩니다. 열려 있는 '환율.xlsx' 파일의 데이터 입력된 범위가 [A1:E5]인 것을 확인할 수 있습니다.

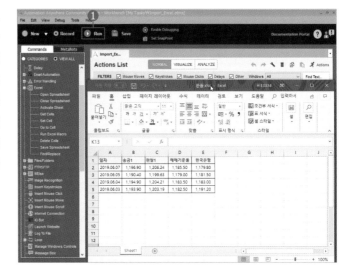

11 Excel 문서를 여는 단계의 Script를 작성하였으므로, 다음 단계인 열려 있는 Sheet에서 데이터를 추출하기 위해 [Get Cells]를 더블클릭하여 선택합니다.

12 [Get Cells]가 체크된 상태로 열린 [Excel] 대화상자에서 [Get Multiple Cells]를 체크하면 아래의 메뉴 구조가 변경됩니다. [From Specific Cell]에 데이터의 시작 값인 'A1'을 입력하고 [To Specific Cell]은 데이터의 마지막 값인 'E5'를 입력 후 [Save] 단추를 클릭합니다.

13 [Actions List]에 추가된 것을 확인할 수 있습니다.

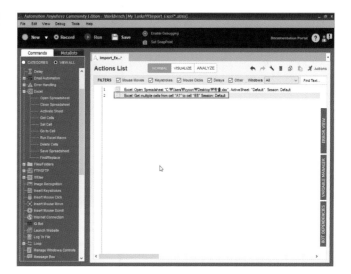

Loop문을 활용한 반복적 추출 작업 추가하기

RPA의 가장 핵심적인 장점은 반복적으로 하는 일에 강력한 효과가 있다는 것입니다. 이것을 극대화해주는 기능은 Loop문이라고 볼 수 있으며, 이것을 얼마나 잘 활용하느냐에 따라 Script의 효율성이 달라지기도 합니다. Script 작성 후 반복해야겠다는 생각이 들면 우선 Loop문을 활용한다고 생각하면 될 것 같습니다. Automation Anywhere에서는 사용 조건에 따라 다양한 Loop문을 제공하므로 자주 쓰는 기능부터 하나씩 사용 패턴을 익히면 됩니다.

01 반복적인 동작을 위해 'Loop'를 추가하겠습니다. [Loop]의 메뉴를 확장하면 하단에 [Each Row In An Excel Dataset]라는 메뉴가 보입니다. 해당 메뉴를 더블클릭합니다.

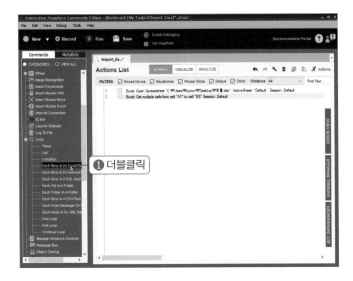

02 이제 [Loop] 대화상자가 나타납니다. 더블클릭한 [Each row in an Excel dataset]가 체크된 것을 확인한 후 별다른 값을 변경하지 않고 [Save] 단추를 클릭합니다.

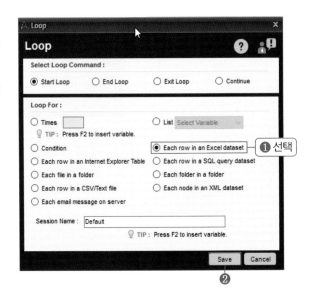

03 Loop문이 정상적으로 삽입된 것을 먼저 확인합니다.

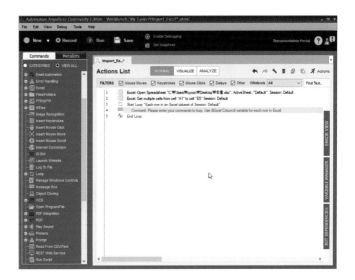

04 xlsx 데이터를 가져온 후 삽입된 Loop문을 확인하기 위해 [Message Box]를 이용하겠습니다. 삽입 위치는 현재 선택한 Script 기준 하위에 입력되므로 초록색으로 입력된 'Comment: Please enter your commands to loop. Use $Excel Column$ variable for each row in Excel.'을 선택한 후 [Commands]에서 [Message Box]를 더블클릭합니다.

05 [Message Box] 대화상자가 나타나는데 'Tip'이라고 명시된 것을 보면 F2를 통해 variable 값을 사용할 수 있다는 항목이 보입니다. [Message Box]의 제목은 수정하지 않을 예정이므로 [Please enter message to show the user]의 빈 칸으로 나타나 있는 부분을 클릭 후 F2를 누릅니다.

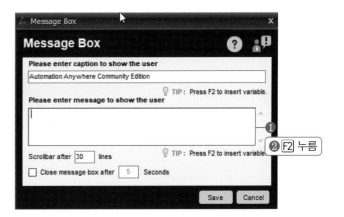

06 [Insert Variable] 대화상자가 나타나면 [Excel Column]을 찾아서 스크롤합니다. 좀 더 쉽게 찾는 방법을 말씀드리면, 시작 문자인 E를 누르면 'E'로 시작하는 Variable로 이동하게 됩니다. [Excel Column]을 선택한 후 [Insert] 단추를 클릭합니다.

07 [Excel Column]을 선택한 후 [Insert] 단추를 클릭하면 한 번 더 추가적인 대화상자가 나타납니다. [Excel Column Option] 대화상자에서는 값이 아닌 숫자를 이용합니다. 기존에 입력되어 있는 값을 지우고 '1'을 입력한 후 [OK] 단추를 클릭합니다.

08 [Please enter message to show the user]칸을 보면 '$Excel Column(1)$'이 입력된 것을 확인할 수 있는데, 괄호 안의 숫자는 [Excel Column Option] 대화상자에서 입력한 '1'이 입력되어 있습니다.

Variable의 경우 '$'를 앞뒤로 적어서 사용되는 것을 확인할 수 있습니다.

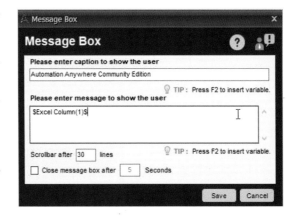

09 우리는 5개의 항목을 가진 xlsx 데이터를 각각 확인할 예정이므로 기본적으로 입력된 '$Excel Column(1)$'를 복사해서 총 5개 값을 넣고 중간중간 '_'를 넣어서 값을 구분합니다.

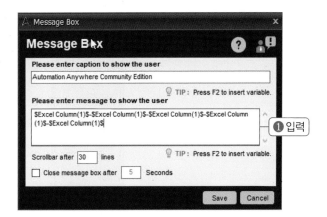

10 이제 '$Excel Column(1)$' 괄호 안의 숫자를 순서에 따라 업데이트합니다. 5개의 항목이므로 1~5까지 순서대로 입력하면 됩니다. 숫자를 모두 업데이트했다면 [Save] 단추를 클릭하여 대화상자를 닫습니다.

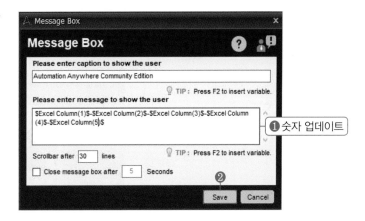

11 [Message Box] 대화상자를 닫고 저장된 내용을 확인합니다. [Comment] 하단에 정상적으로 [Message Box] 값이 보이면 정상적으로 입력된 것입니다.

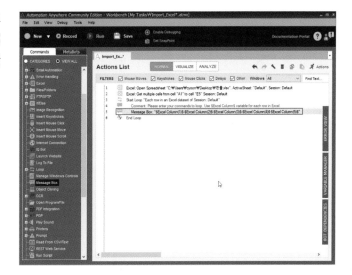

12 이제 상단 리본 메뉴에서 [Save]를 클릭하여 저장한 후 활성화된 [Run]을 다시 한번 실행합니다.

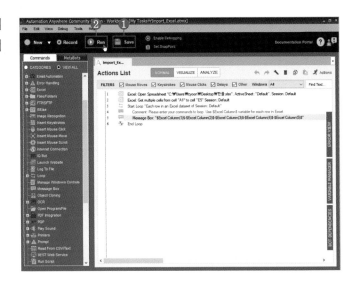

13 '환율.xlsx' 파일이 열리면 추가적으로 첫 줄의 내용이 [Message Box]에 나타난 것을 확인할 수 있습니다. 이 대화상자는 [OK] 단추를 클릭해도 xlsx 데이터 줄 수에 맞게 다섯 번 내용을 모두 표시할 때까지 나타납니다.

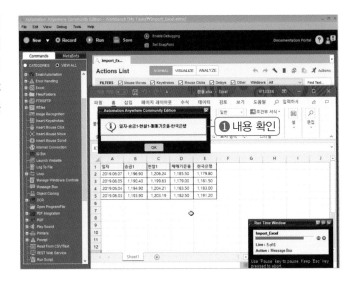

14 이제 정상적으로 값이 나타나는 것을 확인하였으므로 [Message Box]는 Disable 처리하여 실제 동작은 하지 않도록 만들겠습니다. [Message Box]에서 마우스 오른쪽 버튼을 클릭한 후 [Disable]을 선택합니다.

15 Disable된 메뉴는 Comment와 동일하게 초록색으로 변경된 것을 확인할 수 있습니다.

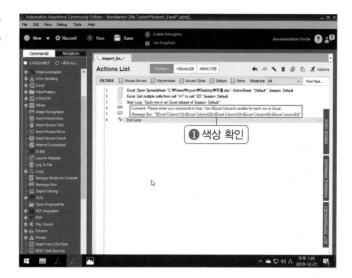

16 xlsx 데이터 추출하기를 완료하였으므로 이제 리본 메뉴의 [Save]를 클릭하여 저장합니다.

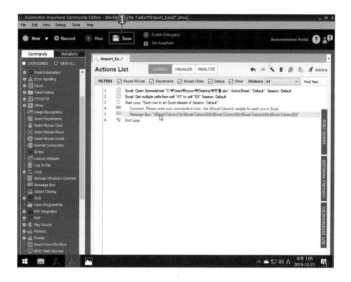

TIP

[Message Box]는 그냥 삽입하면 사람이 지켜보며 닫아야 하지만 지금처럼 값을 반복적으로 확인하는 상황에서는 일정 시간이 지나면 자동으로 닫히도록 설정해 보다 유용하게 사용할 수 있습니다.

먼저 [Close message box after 5 Seconds]를 체크하면 '5'가 입력된 대화상자가 활성화됩니다. 여기 값을 '2'로 변경한 후 [Save] 단추를 클릭하여 저장하면 매번 대화상자가 나타나고 2초 후 자동으로 닫히게 됩니다.

| UiPath의 xlsx 데이터 추출 |

RPA 프로그램들은 사용자의 요구 사항이 높은 기능들을 많이 포함하고 있으므로 UiPath에서도 xlsx 데이터 추출 기능을 유사하게 제공하고 있습니다.

[앱 통합] > [Excel] > 테이블 하위의 메뉴들을 활용하면 편리하게 xlsx 데이터 추출이 가능합니다.

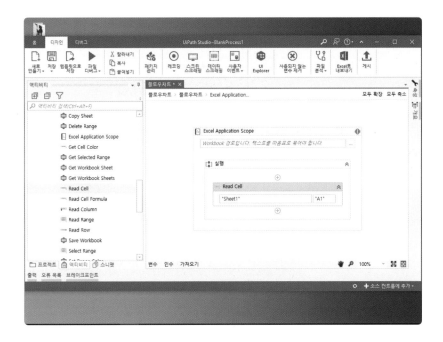

Excel의 특정 시트의 한 개의 셀 값을 읽고 쓰는 것뿐 아니라 범위로 읽거나 쓰는 등 다양한 기능을 제공하고 있으며, 플로우 차트 형식으로 동작 방식을 조정하는 작업이 가능합니다.

11장

Automation Anywhere로 xlsx 데이터 분석하기

이전 단계에서 xlsx 데이터를 읽는 것은 이번에 진행할 데이터 분석을 위한 기초 작업이라 할 수 있습니다. 이전에 작업한 'Import_Excel.atmx' 파일을 활용하여 작업을 진행할 예정입니다. 이번에 비교할 데이터는 '환율.xlsx' 파일의 '매매기준율' 열입니다. 총 4개의 데이터가 있으며, 데이터의 평균을 구해서 평균보다 큰 값과 작은 값을 분석하여 결과를 [F] 열에 기록할 예정입니다.

- 예제 파일 : 11장_생성 파일/환율.xlsx
- 완성 파일 : 11장_생성 파일/Import_Excel.atmx

데이터 분석 전 사전 작업하기

재활용에 필요한 기존 작업 문서를 열고 추가 변수를 생성하여 데이터 추출 환경을 구축합니다. 변수는 새로 생성되는 데이터를 담는 그릇이라고 생각하면 됩니다.

01 Automation Anywhere를 실행한 후 [My Tasks]에서 'Import_Excel.atmx'를 선택하고 편집을 위해 [Edit]를 클릭합니다.

TIP

기존에 작성한 파일은 [Edit]로 편집이 가능합니다(Record로 생성된 파일 포함).

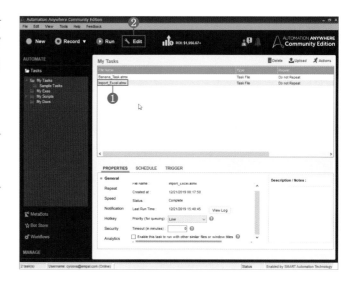

02 '환율.xlsx' 파일을 열어서 매매기준율 위치를 확인합니다. 해당 열은 4번째 열이므로 이전 작업 항목의 정보를 참고한다면, '$Excel Column(4)$'에 값이 보관된다는 것을 알 수 있습니다.

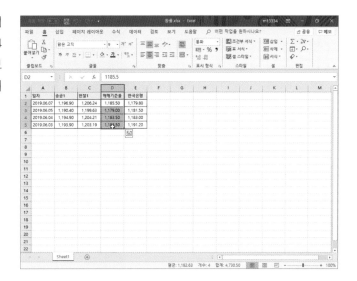

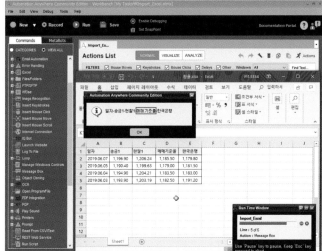

03 먼저 평균을 구하기 위해 값을 모두 더해야 하지만 첫 번째 항목은 제목이므로 값을 더할 수 없습니다. Loop문에 순서를 확인할 수 있도록 Variable을 추가합니다. 우측 [VARIABLE MANAGER]를 클릭합니다.

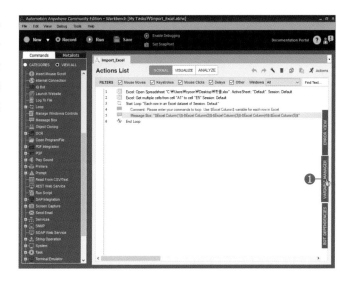

04 기본 Variable인 [my-list-variable] 가 보이면 하단에 [Add] 단추를 클릭합니다.

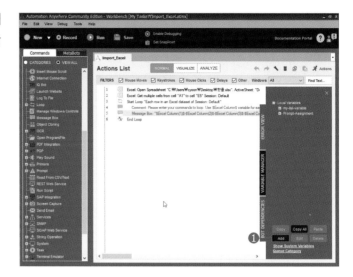

05 [Add Variable] 대화상자가 나타나면 [Name]에 'First-Loop-Count'를 입력하고, [Value]는 '0'을 입력한 후 [Save] 단추를 클릭합니다.

06 [VARIABLE MANAGER]에 [First-Loop-Count]가 추가된 것을 확인할 수 있습니다.

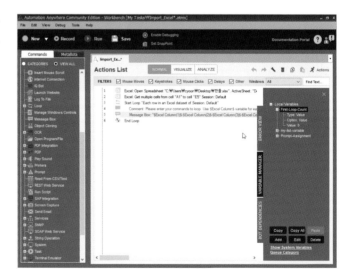

07 첫 Loop문에서는 4개의 값을 모두 더할 예정이므로 값을 모두 더할 수 있는 Variable을 추가합니다. 다시 한번 [Add] 단추를 클릭합니다.

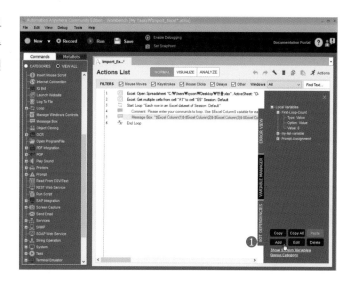

08 이번에는 [Name]은 'Integration-Value'를 입력하고, [Value]에는 동일하게 '0'을 입력한 후 [Save] 단추를 클릭합니다.

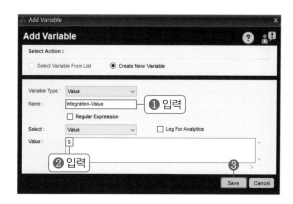

09 추가된 2개의 Variable의 확인이 가능합니다. [VARIABLE MANAGER] 우측 상단의 [닫기]를 클릭하여 창을 최소화합니다.

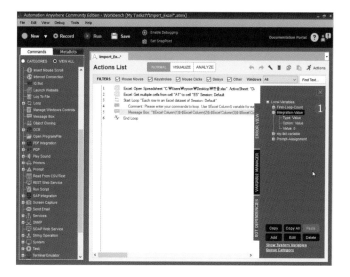

Loop문과 If문을 활용하기

반복적인 항목에는 Loop문이라면 조건을 고려한 동작에는 필수적으로 들어가는 것이 If문입니다. 값이 무엇보다 작은지 큰지 같은지에 따른 분기점을 추가한다면 자동으로 데이터에 따른 동작을 통해 RPA 활용성을 높일 수 있습니다.

01 먼저 Loop 시작 지점을 선택하고 [Commands]에서 [If/Else] > [Variable]을 더블클릭합니다. [If] 대화상자가 나타나면 [If Condition]의 [Edit] 단추를 클릭합니다.

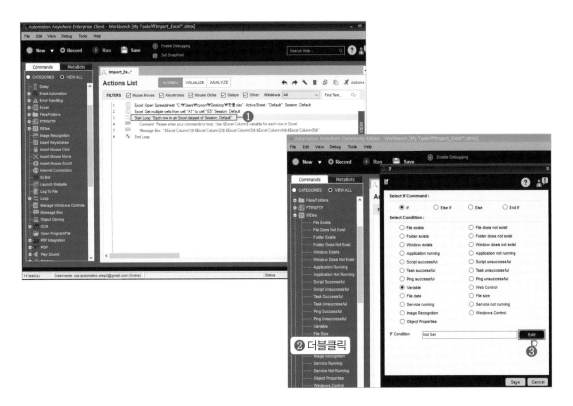

02 [If Variable] 대화상자가 나타나면 [Variable]에서 F2를 누릅니다.

03 'Insert Variable'이 나타나면 처음 생성한 Variable인 'First-Loop-Count'를 선택합니다.

04 [Operator]에서는 어떤 식으로 비교할지를 선택할 수 있습니다. 우리는 첫 줄은 제목줄이므로 제외하고 나머지 값을 더할 예정이므로 '1'인 값과 '1'이 아닌 값을 구분하려고 합니다. 그러므로 'Not Equal To'를 선택합니다.

05 [Value]에서는 [Fix]를 체크하고 '1'을 입력한 후 [Save] 단추를 클릭합니다.

06 Loop문 안에 If문이 정상적으로 삽입된 것을 확인할 수 있습니다.

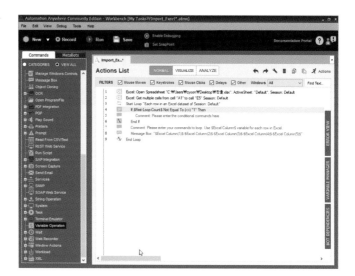

07 'First-Loop-Count' 값이 '1'이 아니면 동작하는 If문을 추가했지만, 해당 값은 Loop문이 동작한다고 자동으로 숫자가 늘어나는 작업이 아직 되어 있지 않음으로 해당 작업을 추가해야 합니다. 해당 Script의 위치는 'First-Loop-Count'의 시작 값이 '0'이므로 If문 상위에 해당 작업을 진행해야 합니다. 그래야 첫 제목 값이 '1'로 If문에서 필터가 가능합니다. Loop문 시작 지점을 선택합니다.

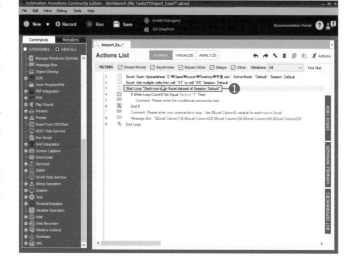

08 [Commands] 하단의 [Variable Operation]을 더블클릭합니다.

09 [Variable Operation] 대화상자가 나타나는데 해당 대화상자는 우리가 작성한 Variable에 변화를 주는 데 사용되므로 작업을 하다 보면 가장 자주 접하는 대화상자 중 하나입니다. [Specify Variable]에서 'First-Loop-Count'를 선택합니다.

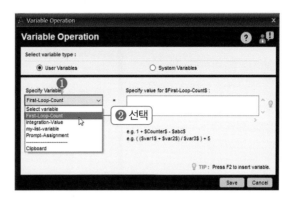

10 [Specify value] 제목줄이 좌측에서 선택된 값에 의해 변경된 것을 확인할 수 있습니다. 입력 창에 '1+$First-Loop-Count$'를 입력하고 [Save] 단추를 클릭합니다.

 TIP

F2를 눌러 Variable 값 중 'First-Loop-Count'를 선택하여 삽입해도 됩니다.

11 이제 '$Excel Column(4)$' 값을 [Integration-Value]에 반복적으로 담는 작업을 진행하려 합니다. If문 시작 지점에 커서를 둔 상태에서 [Variable Operation]을 더블클릭합니다.

12 [Variable Operation] 대화상자
가 나타나면 [Specify Variable]에서
'Integration-Value'를 선택합니다. [Sp
ecify value]의 빈칸에는 '$Integration-
Value$+$Excel Column(4)$'를 입력하
고 [Save] 단추를 클릭합니다.

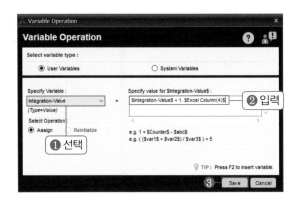

Message Box를 통한 동작 확인하기

RPA의 Script를 작업하는 과정은 도미노처럼 처음부터 끝까지 정상적으로 연결되어야 합니다. 작업 중간중간 정상적
인 동작을 확인하는 것은 매우 중요한 과정이라고 볼 수 있으며, Message Box는 빠르고 쉽게 이 작업을 도와줍니다.

01 Loop문에서 If문과 [Message
Box]를 활용하여 제목줄을 제외한 값
이 정상적으로 더해지는지를 확인하며
작업을 진행할 예정이므로 [Comman
ds]에서 [Message Box]를 더블클릭합
니다.

02 [Message Box] 대화상자가 나타나는데 [Please enter caption to show the user] 값 입력 창에서 먼저 현재 줄 수를 알 수 있는 '$First-Loop-Count$'를 입력합니다. F2를 눌러 선택해도 됩니다.

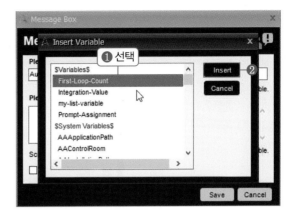

03 입력된 '$First-Loop-Count$' 뒤에 ':'를 입력하여 값을 구분할 수 있도록 합니다.

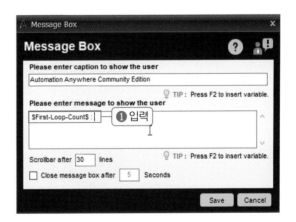

04 현재 값인 '$Excel Column(4)$'를 입력하고 최종적으로 '$Integration-Value$'도 입력하여 [Message Box] 입력값을 작성합니다.

TIP

중간에 '-'를 추가하여 내용을 구분할 수 있도록 설정하였습니다.

05 [Message Box] 대화상자 아래의 체크 박스를 체크하고 시간은 '2'로 설정 후 [Save] 단추를 클릭합니다.

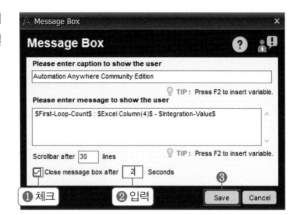

06 [Message Box]가 추가된 것을 확인할 수 있습니다.

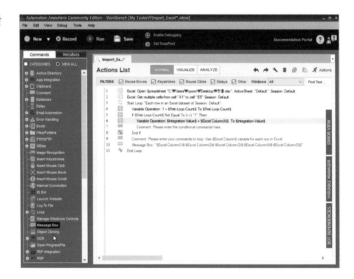

07 [Save] 후 [Run] 동작을 진행합니다.

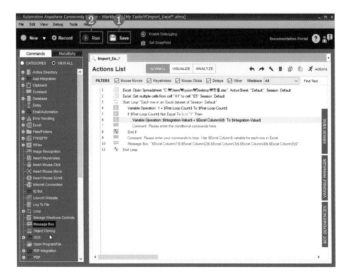

08 대화상자가 2초씩 표시되며, 정상적으로 값이 더해지는 것을 확인할 수 있습니다.

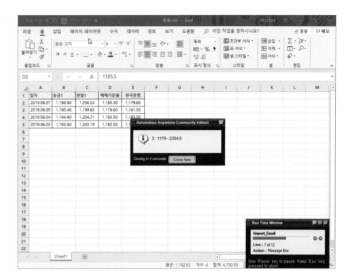

09 정상적인 동작을 확인하였으므로, [Message Box]는 마우스 오른쪽 버튼을 클릭한 후 [Disable]을 선택합니다.

평균값 구하기

단순히 값을 바로 넣는 것이 아니라 반복적으로 생성된 데이터를 누적한 후 계산하고 추가하는 작업을 진행해 보려합니다.

01 평균값을 구하기 담기 위해 새로운 Variable을 추가합니다. 이때 이름은 'Average-Value'로 값은 '0'으로 설정합니다.

02 [End Loop]에 커서를 둔 상태에서 [Commands] > [Variable Operation]을 더블클릭합니다.

03 [Specify Variable]은 'Average-Value'를 선택하고 '$Integration-Value$ / ($First-Loop-Count$-1)'을 입력합니다.

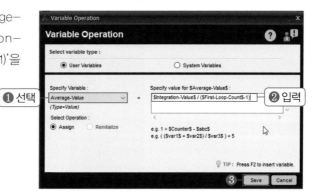

04 정상적으로 Value가 삽입되며, 좀 더 확인이 필요하다면 [Message Box]로 'Average-Value' 값을 확인해도 됩니다.

TIP

앞에서 설명한 동작 방식은 조금씩 설명을 줄이겠습니다.

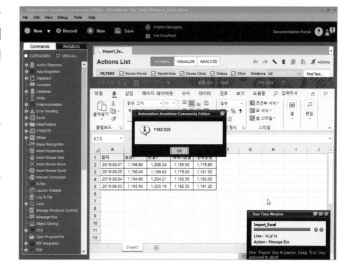

05 이제 평균값보다 높은 경우 '환율.xlsx' 파일의 [F] 열에 'Pass'로 입력하고 평균값보다 작은 경우 'Fail'을 입력할 예정입니다. 관련 작업을 더욱 쉽게 하려고 위에 작업한 Loop문을 복사해서 재활용할 예정입니다. Loop문의 시작부터 끝까지 선택하고 마우스 오른쪽 버튼을 클릭한 후 [Copy]를 선택합니다.

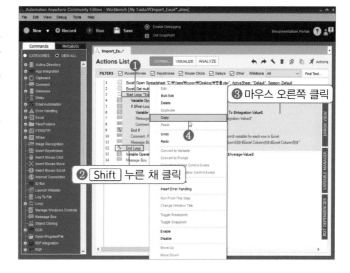

06 제일 하단 줄을 선택하고 마우스 오른쪽 버튼을 클릭한 후 [Paste]를 선택하여 붙여 넣습니다.

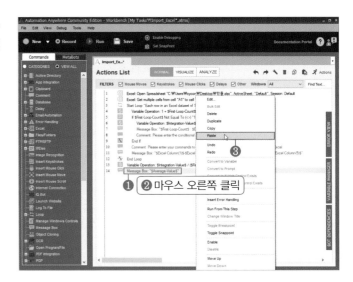

07 Loop문이 정상적으로 추가된 것을 확인할 수 있습니다.

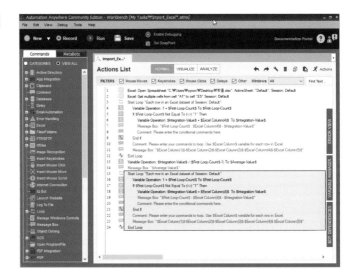

08 추가된 If문 하단의 값을 더하는 항목은 이번 Loop문에서는 필요가 없으므로 제거합니다. 주석 처리된 항목들도 함께 제거하겠습니다. 불필요한 항목을 Ctrl을 누른 상태로 각각 선택합니다.

09 마우스 오른쪽 버튼을 클릭한 후 [Delete]를 선택합니다.

10 불필요한 값이 제거되었으면 줄 수를 계산하는 값을 다시 '0'으로 변경 합니다. [Variable Operation]을 통해서 2번째 Loop문 윗줄에 작업을 진행해주 면 됩니다.

11 If문의 경우 이번에는 첫 줄에는 '결과'란 값을 추가할 예정입니다. 그러 므로 'Else' 항목이 추가되어야 합니다. If문 시작 지점에 커서를 둔 상태에서 [Commands] > [If/Else] > [Else]를 더 블클릭합니다.

12 별도의 대화상자 없이 바로 IF문
하단에 'Else' 항목이 추가된 것을 확인
할 수 있습니다.

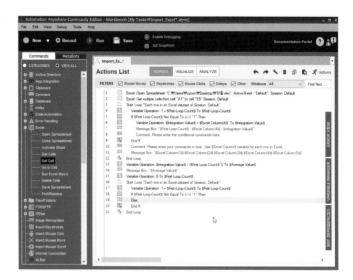

13 [F] 열 제목줄에 '결과'를 넣기 위
해 'Else'를 선택하고 [Commands] >
[Excel] > [Set Cell]을 더블클릭합니다.

14 라디오 버튼은 [Specific Cell]을
체크하고 'F$First-Loop-Count$'를 입
력합니다. 'F'는 열을 의미하며, '$First-
Loop-Count$'는 숫자이므로 현재 기
준 [F1] 셀에 값이 입력될 예정입니다.

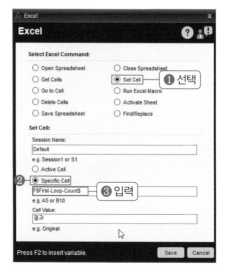

15 [Cell Value]에 '결과'를 입력 후 [Save] 단추를 클릭합니다.

결과 데이터를 xlsx 파일에 추가하기

Script 추출 작업을 완료하였으므로, 이제 결과 파일을 생성하는 작업을 확인해보겠습니다.

01 Excel 값에 입력을 확인하기 위해 [Save] 후 [Run]을 진행합니다.

02 xlsx 값이 정상적으로 업데이트된 것이 확인 가능합니다.

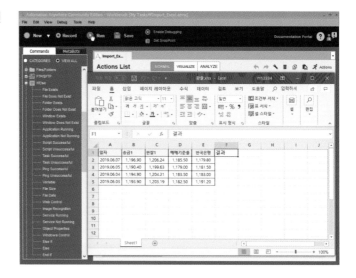

03 이제 평균값과 비교하는 If문을 추가로 삽입하려 합니다. If문을 선택하고 [Commands] > [If/Else] > [Variable]을 더블클릭합니다.

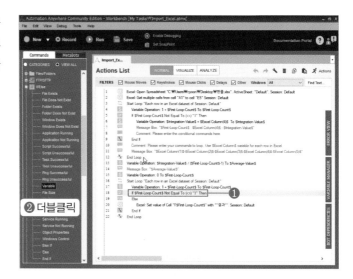

04 [If] 대화상자에서 [Edit] 단추를 클릭합니다.

05 [If Variable] 대화상자에는 [Variable]을 'Excel Column(4)', 'Average-Value'로 각각 설정합니다.

06 [Operator]는 평균값보다 큰 값을 찾아야 하므로 'Greater Than(>)'입니다.

07 평균값보다 큰 값에 대한 If문이 추가되었으므로 [Commands] > [If/Else] > [Else]를 더블클릭하여 'Else'도 추가합니다.

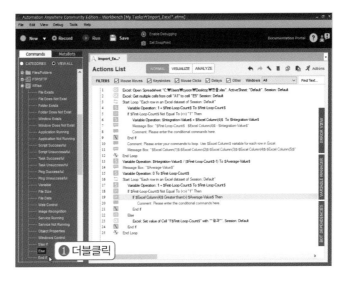

08 이제 평균값보다 큰 값과 작은 값에 처리하기 전에 기존에 Excel에 추가하는 Script를 재활용하기 위해 기존에 삽입한 결과 Script를 마우스 오른쪽 버튼을 클릭하고 [Copy]를 선택합니다.

09 평균값 관련 If문과 Else문에 복사한 내용을 각각 붙여넣기를 진행합니다.

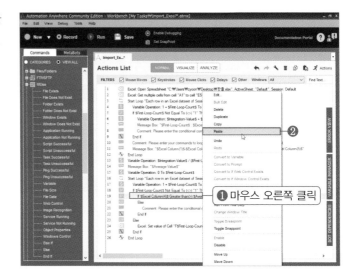

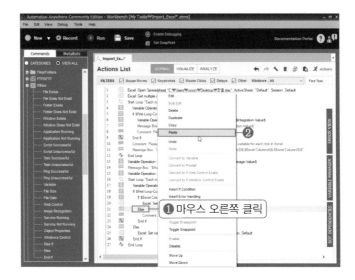

10 입력값을 수정하기 위해 복사한 값을 각각 더블클릭하여 결과로 되어있는 항목을 편집합니다. 첫 번째 항목의 [Cell Value]는 'Pass'로 변경합니다.

11 두 번째 항목의 [Cell Value]는 'Fail'을 입력합니다.

12 편집한 내용이 정상적으로 반영되었다면 [Save] 후 [Run]을 동작합니다.

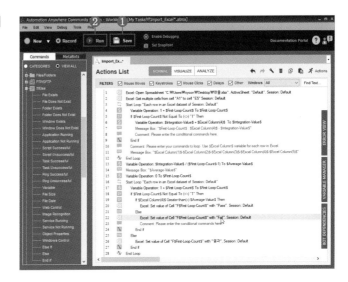

13 xlsx 데이터에 정상적으로 값이 입력된 것을 확인할 수 있습니다.

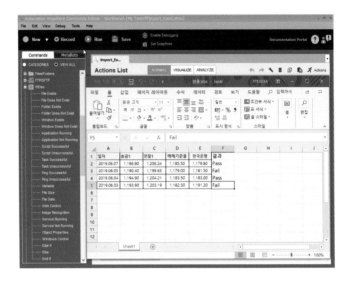

> **TIP**
>
> 기존에 작성한 Script 파일을 따로 보관하고 싶은 경우에는 '내 문서' 하위의 'Automation Anywhere Files₩ Automation Anywhere' 폴더에 있는 *.atmx 파일을 별도로 보관하면 됩니다.

C:₩Users₩[내 계정]₩Documents₩Automation Anywhere Files₩Automation Anywhere₩My Tasks

> **TIP**
>
> [Save]를 하면 기존에 저장된 Undo/Redo 값이 사라져서 동작하지 않습니다. 예를 들어, 특정 값을 지우고 [Save]를 하면 Redo로 다시 복구할 수 없습니다.

UiPath의 Script 저장 정보

UiPath의 경우 기본적으로는 저장되는 폴더는 'C:₩Users₩이름₩Documents₩UiPath₩'이며, 지원하는 확장자는 '*.xaml'입니다.

Automation Anywhere의 'Tasks'와 유사한 개념이 UiPath에서는 '프로세스'라고 생각하면 됩니다.

Automation Anywhere로 xlsx 멀티 데이터 분석하기 - 시나리오 기반

실제 업무를 하다 보면 단순히 하나의 xlsx 파일을 읽고 쓰는 작업하는 경우보다 여러 개의 xlsx 파일을 활용하여 새로운 xlsx 파일을 생성하는 작업이 많을 것입니다. 이번에는 지금까지 배운 내용을 조금씩 결합하여 Web 데이터에서 추출한 'banana.csv' 파일과 xlsx 파일인 '환율.xlsx'을 활용하여 새로운 xlsx 데이터를 생성해 보겠습니다. 이번에 작업할 내용은 '환율.xlsx' 파일의 '송금1'의 전체 평균값보다 낮은 가격의 물건만 별도의 파일로 생성해보겠습니다.

- 예제 파일 : 12장_생성 파일/환율.xlsx, Banana.csv, Import_Excel.atmx
- 완성 파일 : 12장_생성 파일/Multi Excel File Analysis.atmx, test.atmx, Result.xlsx

기존 Script 재활용하기

기존에 작성된 파일을 활용하여 데이터를 추출하려 합니다. 먼저 '환율.xlsx'의 데이터를 추출하려 하지만 이미 이전에 작업한 적이 있다면 이를 재활용해 시간과 노력을 많이 절약할 수 있게 됩니다. 다양한 작업을 할수록 이런 데이터가 누적되므로 Script 재활용 기술은 시간이 지날수록 작업의 효율성을 극대화시켜줄 것입니다.

01 작업의 편의성을 위해 'banana.csv'와 '환율.xlsx' 파일을 각각 바탕 화면에 위치시킵니다.

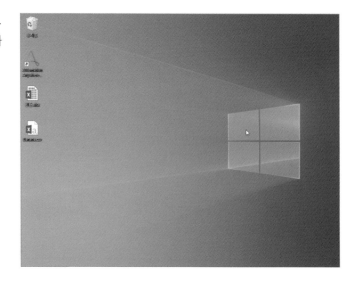

02 Script를 처음부터 작성하는 때도 있지만 복사 후 사용한다면 보다 효율적인 경우가 많이 있습니다. 평균값을 구하는 작업을 진행한 내용이 있는 'Import_Excel.atmx' 파일을 활용한다면 보다 효율적으로 작업이 가능합니다. Automation Anywhere를 실행 후 [My Tasks] 하단의 'Import_Excel.atmx'을 마우스 오른쪽 버튼으로 클릭하고 [Copy]를 선택합니다.

03 [Copy Task] 대화상자가 나타나면 [Filename]에 'Multi Excel File Analysis'를 입력하고 [Save] 단추를 클릭합니다.

04 복제된 'Multi Excel File Analysis. atmx' 파일을 확인하고 [Edit]를 클릭하여 편집으로 들어갑니다.

05 여기서는 평균을 구하는 Script까지만 재활용할 예정이므로 15번째 줄부터 삭제를 진행합니다.

06 남겨진 내용이 정상적으로 동작하는지 확인을 위해 14번째 줄의 'Message Box'를 Enable시켜서 내용을 확인합니다.

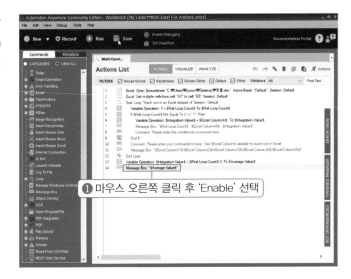

07 기존에 작성된 내용이 정상적으로 표시되는 것을 확인할 수 있습니다.

> **TIP**
>
> 만약 동작하지 않는다면 원본 파일 위치나 파일명이 기존과 같은지 확인해주세요.

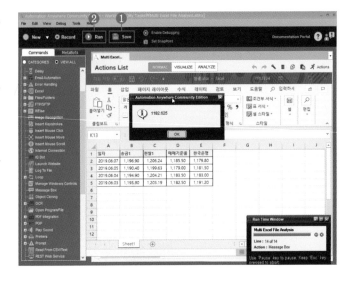

08 기존 코드 동작을 확인하였으므로, 이제 현재 조건에 맞도록 변경 작업을 진행합니다. 6번째 줄의 'Variable Operation'을 더블클릭하여 편집 모드로 이동합니다.

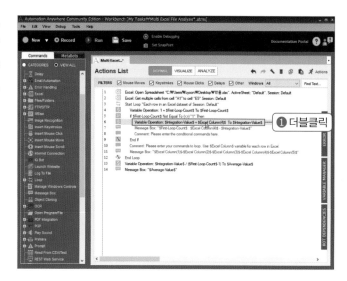

09 이전에 작업한 내용은 4번째 '매매기준율' 기준의 평균값이 생성되므로 2번째 값인 '송금1'로 변경해야 합니다. '$Excel Column(4)$'의 값을 '2'로 변경하고 [Save] 단추를 클릭합니다.

TIP

샘플 기준 1번 항목은 '일자', 2번 항목은 '송금1', 3번 항목은 '현찰', 4번 항목은 '매매기준율', 5번째 항목은 '한국은행'입니다.

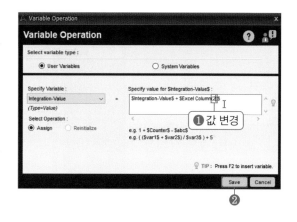

10 저장 후 [Run] 동작을 통해 정상적으로 반영되었는지 확인합니다. 현재 1194.025원이 나타난 것을 확인할 수 있습니다.

TIP

작업 과정에서 결과가 올바르게 나오는지 확인은 매우 중요합니다.

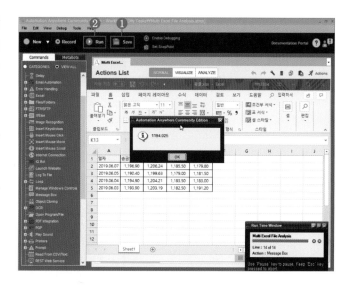

11 확인 작업을 마친 'Message Box' 를 Disable 처리합니다.

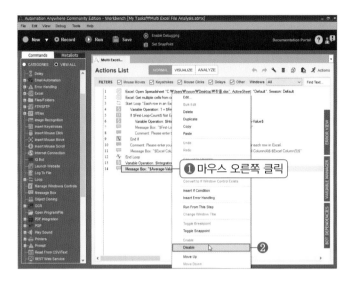

12 이제 값을 가져오는 데 쓰임 을 다한 '환율.xlsx' 파일을 닫도록 하 겠습니다. 많은 파일로 작업할 경 우 해당 파일을 닫는 작업은 PC 의 성능을 유지하는 데 매우 중요합 니다. [Commands] > [Excel] > [Cl ose Spreadsheet]를 더블클릭합 니다.

13 [Excel] 대화상자가 나타나면 [Do not save changes]를 체크합니다.

샘플 연결 및 신규 저장 데이터 생성 작업

사전에 생성된 샘플에서 데이터의 담을 변수 설정 작업을 진행합니다. 또한, 자동화 동작 결과를 저장할 xlsx 파일 설정도 함께 진행합니다.

01 Script를 살펴보면 1번 줄에 '환율.xlsx' 파일을 불러올 때 [Session]이 'Default'로 되어있는 것을 확인할 수 있습니다. [Excel] 대화상자의 [Session Name]을 확인 후 불러온 문서와 같이 'Default'로 되어있다면 변경 없이 [Save] 단추를 클릭합니다.

> **TIP**
>
> 여러 개의 Excel 파일로 작업을 하게 되면 [Session Name]이 중요해집니다.

02 저장 후 [Run]을 하게 되면 이제 Excel 파일이 열리고 닫히는 것을 확인할 수 있습니다.

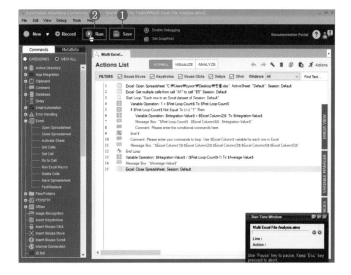

> **TIP**
>
> 자동화 동작은 매우 빠르므로 작업자의 PC 성능이 좋은 경우 동작 화면이 잘 보이지 않을 수도 있습니다.

03 이제 평균값보다 낮은 항목을 별도의 xlsx 파일에 담기 위해 새로운 xlsx 파일을 생성 작업을 진행합니다. Excel의 빈 문서를 실행하여 'Name', 'Price'를 입력합니다.

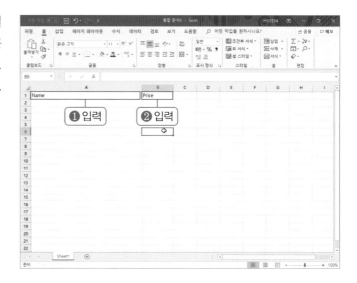

04 바탕 화면에 'Result.xlsx' 파일로 저장 후 문서는 닫습니다.

05 [Commands] > [Excel] > [Open Spreadsheet]를 더블클릭 후 [Excel] 대화상자가 나타나면 [Session Name]은 'Default'에서 'Result'로 변경합니다. [Spreadsheet Path]는 경로 전체를 직접 입력해도 되지만 좀 더 효율적으로 작업하기 위해 우측의 확장 버튼을 선택합니다.

06 경로로 이동하여 파일 이름에 'Re sult.xlsx'를 입력하고 [열기] 단추를 클릭합니다. 이후 [Save]를 눌러 대화상자를 닫습니다.

07 Result의 줄 수를 판단하기 위한 변수 추가를 위해 [VARIABLE MANAGER]를 클릭합니다.

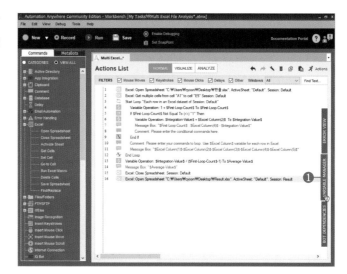

08 하단의 [Add] 단추를 클릭하여 새로운 변수를 추가합니다. [Add Variable] 대화상자가 나타나면 [Name]에 'Result-Count'를 입력하고 [Value]에는 '2'를 입력한 후 [Save] 단추를 클릭합니다.

09 기본적인 준비 작업이 완료되었으므로 다시 한번 [Commands] > [Excel] > [Open Spreadsheet]를 더블클릭 후 [Excel] 대화상자가 나타나면 [Session name]은 'banana'로 입력하고 [Spreadsheet Path]는 바탕 화면의 'banana. csv' 파일을 선택한 후 [Save] 단추를 클릭합니다.

'banana.csv' 데이터 추출하기

Loop문을 추가 후 이제 본격적인 데이터 추출 작업을 진행하려 합니다.

01 'banana.csv' 파일의 값을 한 줄씩 읽으면서 저장할 변수를 생성합니다. 각각 'banana-name'과 'banana-price'로 각각 추가합니다. 값은 둘 다 비운 채로 생성해주세요.

TIP

Null 값으로 생성하는 게 맞는지 확인하는 대화상자는 확인을 클릭하면 됩니다.

02 [Commands] > [Loop] > [Times]를 더블클릭합니다. 'Banana.csv' 파일의 전체 값이 아닌 200줄까지만 분석을 진행할 예정이므로 [Loop] 대화상자가 나타나면 [Times]을 '200'으로 설정하고 [Save] 단추를 클릭합니다.

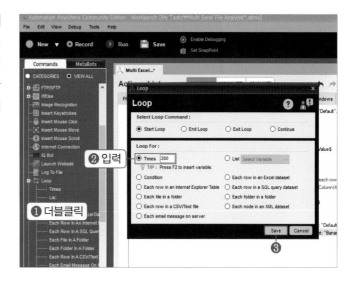

03 동작 중인 전체 줄 수를 판단하는 변수로는 'First-Loop-Count'를 재사용할 예정입니다. 그러므로 초기화해주는 항목을 Loop문 시작 전에 삽입합니다. [Variable Operation] 대화상자를 활용하여 삽입하세요. 이번 초기화 값은 '1'입니다.

04 Loop문 안에 'First-Loop-Count'을 하나씩 늘려주는 'Variable Operation'을 넣어주려 합니다. 기존에 사용된 내용이 4번째 줄에 있으므로 복사해서 넣어줍니다.

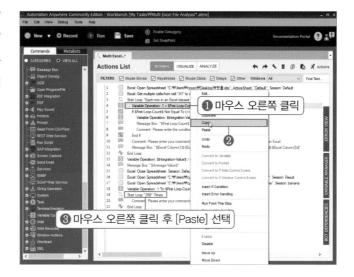

05 'banana.csv' 값을 한 줄씩 불러와서 'banana-name'과 'banana-price'에 각각 넣는 작업을 진행합니다. [Commands] > [Excel] > [Get Cells]를 더블 클릭합니다.

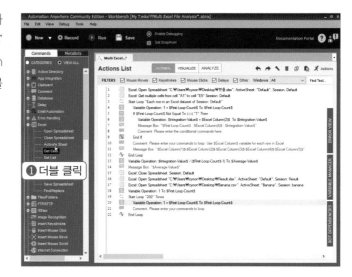

06 [Excel] 대화상자가 나타나면 [Session Name]은 'banana'를 입력하고, 라디오 버튼은 [Specific Cell]을 선택하고 활성화되는 입력란에 'A$First-Loop-Count$'를 입력합니다.

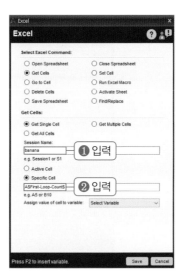

07 [Select Variable] 콤보박스는 'banana-name'을 선택 후 [Save] 단추를 클릭합니다.

08 동일한 작업을 통해 'banana-price'
도 동일하게 추가해줍니다('B$First-Loop-
Count$'로 설정해주세요).

데이터에 따른 동작 분기를 위한 If문 추가하기

단순히 가져온 데이터를 모두 사용하는 경우는 오히려 적습니다. 값의 상태에 따라 적절한 If/Else문을 넣는 것은 중
요하며, 이번에는 평균값보다 큰 값인지 작은 값인지를 판단하는 If문을 넣을 예정입니다.

01 이제 'banana-price' 값이 'Aver
age-Value' 보다 작은 경우를 비교하
는 If문을 추가합니다. [Commands] >
[If/Else] > [Variable]을 더블클릭합니다.

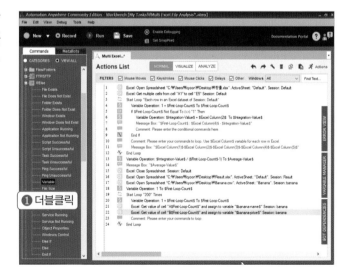

02 [If] 대화상자가 나타나면 [Edit] 단추를 클릭합니다.

03 [Variable]은 'banana-price'를 넣고 [Operator]는 'Less Than(<)'을 선택합니다. 그리고 [Value]에서 라디오 버튼은 Variable을 선택한 후 'Average-Value'를 입력합니다.

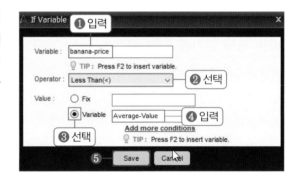

04 이제 If문이 추가되었으므로 If문 안쪽에 'Result-Count' 값을 올려주는 항목을 추가합니다. 복사&붙이기나 신규 추가 중 편한 방법으로 추가해주세요.

05 If문을 통과한 경우 'banana-name'과 'banana-price' 값을 각각 'Result.xlsx' 파일에 추가하는 동작을 추가합니다. [Commands] > [Excel] > [Set Cell]을 더블클릭합니다.

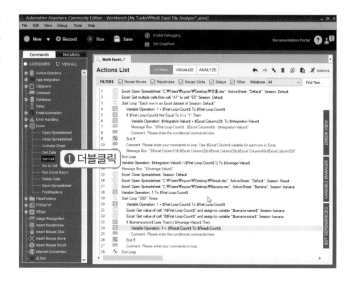

06 [Excel] 대화상자가 나타나면 [Specific Cell]을 체크하고 'A$Result-Count$'를 입력합니다. [Cell Value]는 '$banana-name$'를 입력합니다.

07 동일한 과정을 통해 '$banana-price$'를 추가합니다.

08 Script 내용이 정상적으로 입력되었는지 확인합니다.

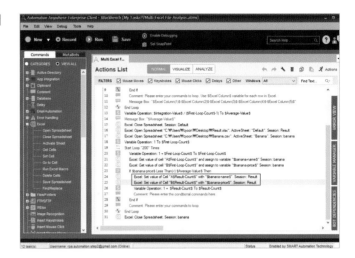

09 Loop문 종료 시점에 'banana. csv'를 종료하는 Script를 추가합니다. 원본을 유지하기 위해 [Do not save changes]를 체크합니다.

10 [Save] 후 [Run]을 동작합니다.

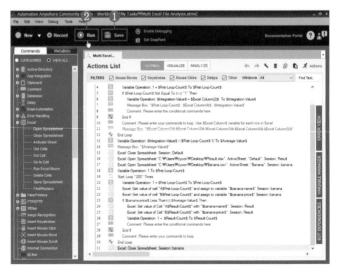

11 '송금1'의 평균값인 '1194'원 이하의 값이 새로운 'Result.xlsx' 파일에 정리된 것을 확인할 수 있습니다.

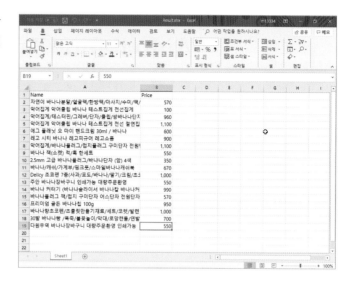

TIP

매크로 동작 중 중지를 위해서는 [Esc]를 누르면 됩니다.

TIP

만약 'Result.xlsx' 파일을 좀 더 안정적으로 생성하기 원한다면 [Commands] > [Excel] > [Save Spreadsheet]를 Loop문 중간에 넣어서 생성 파일 중간중간 저장 동작을 진행하여 Excel이 비정상적으로 종료되더라도 동작 과정까지 파일을 저장하며 작업할 수 있습니다.

13장 Automation Anywhere로 PDF 데이터 추출하기

사무실에서 xlsx 파일과 더불어 가장 많이 사용되는 PDF 파일의 데이터를 추출하는 방법에 대하여 알아보고자 합니다. 이번에는 여러 개의 PDF 파일의 내용 중 원하는 부분만 읽어서 xlsx 파일에 순차적으로 정리하는 내용을 진행해보겠습니다.

- 예제 파일 : 12장_생성 파일/11.docx, 11.pdf, 22.docx, 22.pdf, 33.docx, 33.pdf
- 완성 파일 : 12장_생성 파일/PDF_Result_R.xlsx

예제 만들기

사무실에서 가장 많이 사용되는 확장자 중 하나는 PDF 파일이며, 이러한 PDF 파일의 데이터를 쉽게 추출하는 방법에 대하여 알아보겠습니다. 이것을 위해 형식이 동일한 파일을 3개 만들어 보겠습니다.

01 먼저 PDF 파일을 만들기 위해 Word를 실행하고 2*3표를 삽입하고 그림과 같이 순서대로 [A] 열에 'no, name, value'를 입력하고 [B] 열에 '11, aa, aa11'을 입력합니다.

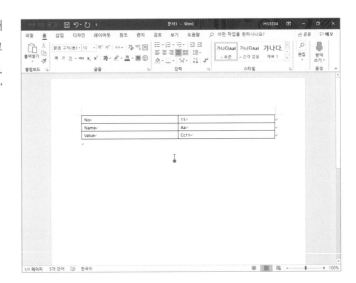

02 파일은 바탕 화면에 '11.docx' 파일로 저장합니다.

03 '다른 이름으로 저장'을 통해 확장자를 PDF로 변경하고 바탕 화면에 '11. pdf' 파일로 저장합니다. 이때 중요한 것은 파일명인데 숫자를 넣어서 손쉽게 순차적으로 읽어 올 수 있게 할 예정입니다.

TIP

파일명은 문자+숫자 조합으로 사용해도 무방합니다.

04 '11.pdf' 파일을 열어서 정상적으로 생성되었는지 확인합니다.

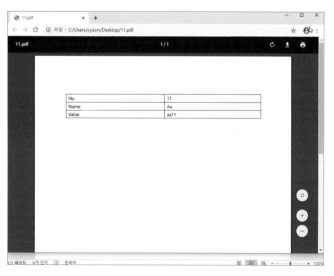

05 이제 추가로 동일한 패턴의 샘플을 제작합니다. 방금 적용한 방식으로 내용을 조금씩 변경하며 '22.pdf', '33.pdf' 파일을 각각 생성합니다.

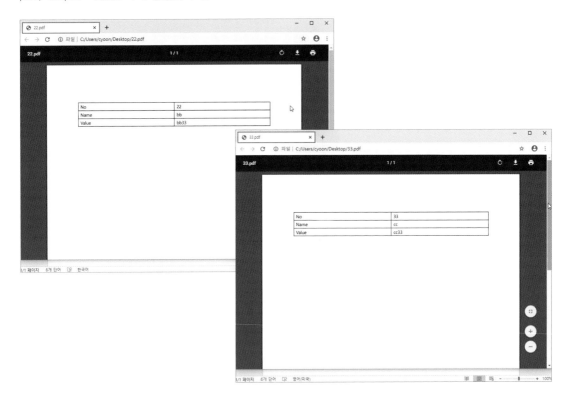

06 바탕 화면에 docx 파일과 pdf 파일이 각각 3개씩 생성된 것을 확인할 수 있습니다.

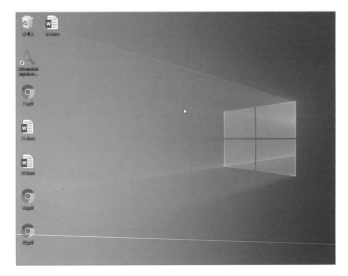

결과 저장용 xlsx 파일 만들기

결과가 저장되는 xlsx 파일을 미리 만들어 보겠습니다. 형식을 맞춰 입력할 예정이기 때문에 결과가 입력될 각각의 제목을 미리 입력한 파일을 생성합니다.

01 Excel을 실행하고 각 셀에 PDF 파일의 제목 값인 'no, name, value'를 각각 입력합니다.

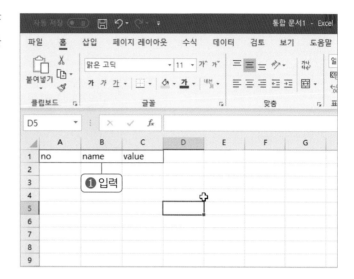

02 바탕 화면에 'PDF_Result.xlsx' 파일로 저장합니다.

03 사전에 필요한 샘플 파일 작성 작업이 완료되었습니다.

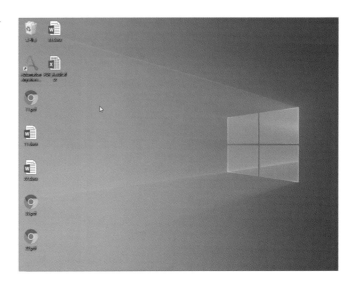

변수 추가 작업

값이 입력되는 공간인 변수를 생성하는 작업을 진행할 예정입니다. 총 3개의 변수를 생성해서 PDF에서 추출한 3개의 값을 각각 담을 수 있는 그릇이 될 수 있도록 할 것입니다.

01 이제 본격적인 작업을 위해 Automation Anywhere를 실행합니다.

02 [New]를 클릭하여 새로운 RPA 프로세스를 생성합니다.

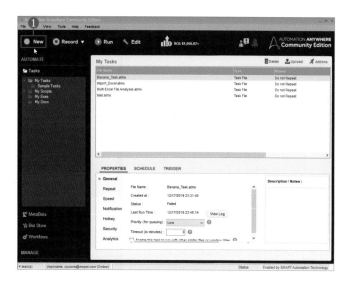

03 [New]를 클릭하면 나타나는 [Choose an option] 대화상자에서 [Workbench]를 클릭합니다.

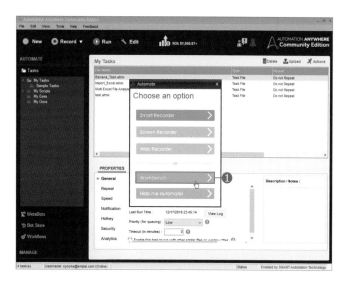

04 PDF의 제목값과 동일한 3개(no / name / value)의 변수를 순차적으로 생성할 예정입니다. [VARIABLE MANAGER]를 열고 [Add] 단추를 클릭합니다.

05 [Name]에는 'no'를 입력합니다. [Value]는 빈 상태로 [Save] 단추를 클릭합니다.

06 'name / value'도 동일한 방식으로 추가합니다.

07 파일명을 순차적으로 불러오는 데 사용할 변수를 생성합니다. [Name]에는 'File-count'를 입력합니다. [Value]는 '1'로 해당 변수를 생성합니다.

08 기본적인 변수 생성 작업이 완료
되었습니다.

반복적으로 PDF 파일 읽기

PDF 추출을 위한 사전 작업인 변수 생성 작업이 완료되었으므로, Automation Anywhere에서 기본 제공하는 PDF
데이터 추출 기능을 활용하여 이제 PDF 파일에서 각각 값을 추출하는 작업을 진행해보겠습니다.

01 먼저 결과를 저장할 Excel 파일
을 열기 위해 [Commands] > [Excel] >
[Open Spreadsheet]를 더블클릭합니다.

02 바탕 화면에 미리 만들어둔 'PDF_Result.xlsx' 파일을 선택하여 Script를 생성합니다.

03 Open Spreadsheet Script가 삽입되었으면 사전에 만들어둔 3개의 pdf 파일을 순차적으로 읽기 위해 Loop문을 사용할 예정입니다. [Commands] > [Loop] > [Times]를 더블클릭하여 [Loop] 대화상자를 불러옵니다.

04 총 3번 동작할 예정이므로 [Times]에 '3'을 입력하고 [Save] 단추를 클릭합니다.

05 'File-count'가 순차적으로 업데이트될 수 있도록 [Variable Operation]을 이용하여 Loop문에 Script를 추가합니다.

06 [Commands] > [PDF Integration] > [Extract Form Fields]를 더블클릭합니다. 이 기능은 PDF에서 마우스 드래그를 통해 원하는 위치의 값의 추출을 지원하는 기능입니다.

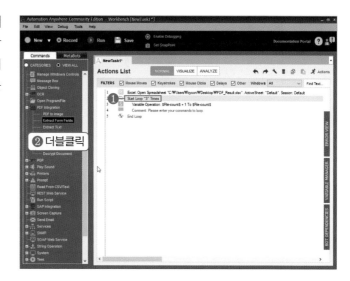

07 [PDF Name]의 [...]을 통해 '11.pdf' 파일을 선택하고 [열기] 단추를 클릭합니다.

08 [PDF Name]이 정상적으로 업데이트되었으면, [Inserted Fields] > [Add] 단추를 클릭합니다.

09 추가적으로 [PDF Integration] 대화상자가 나타나면 PDF 내용이 미리보기 되는 화면이 나타납니다.

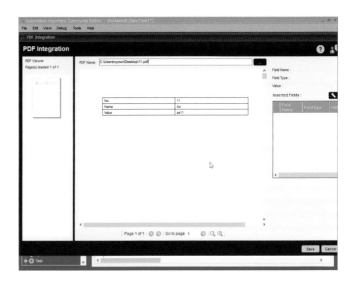

10 여기서는 마우스 드래그를 통해 값을 추출할 수 있는데 첫 번째 no 값을 마우스 드래그로 선택합니다. 마우스 오른쪽 버튼을 클릭한 후 [Add Field]를 선택합니다.

TIP

파란색 범위가 표시되면 정상적으로 적용된 것입니다.

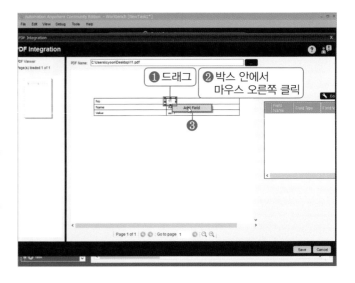

11 다시 한번 [PDF Integration] 대화 상자가 추가로 나타납니다. 여기서는 [Value]에 현재 범위 지정된 값이 나타납니다. [Field name]과 [Variable]에 각각 'no'를 추가적으로 지정한 후 [OK] 단추를 클릭합니다.

TIP

현재 값 기준 11이 표시됩니다.

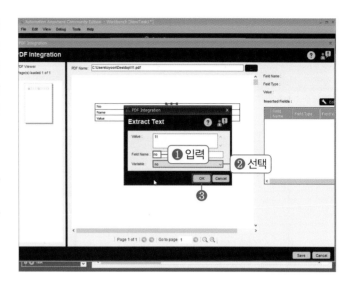

12 우측 [Inserted Fields]에 값이 추가된 것을 확인할 수 있습니다.

13 'Name'과 'Value'도 같은 방식으로 각각 추가 작업을 진행합니다.

14 3개의 항목이 모두 확인되었으면 [Save] 단추를 클릭하여 [PDF Integration] 대화상자를 닫습니다.

15 정상적으로 인식된 것을 확인했다면 이제 PDF Name의 업데이트를 진행합니다. '11.pdf'의 '11'을 변수로 변경합니다. F2를 활용하여 'File-count'를 2번 추가하고 [Save] 단추를 클릭합니다.

16 정상적으로 PDF 파일이 순차적으로 불러와 지는지 'Message Box'를 활용하여 확인합니다.

> **TIP**
>
> Message Box 추가 방식은 기존 내용을 참고해주세요. 예제에서는 'value'를 선택했습니다.

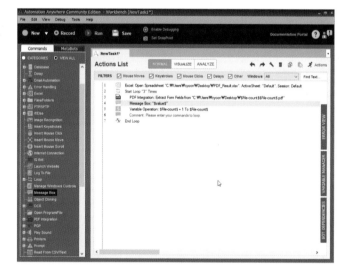

17 동작 확인을 위해 [Save]를 진행합니다. 파일명은 'PDF_Test'로 진행합니다.

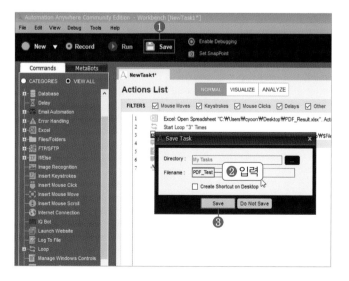

18 [Run]을 클릭해서 'Message Box'
가 정상적으로 표시되는지 확인합니다.

TIP

순차적으로 3개의 값이 나타나면 됩니다.

19 확인이 완료되었다면 'Message
Box'는 Disable처리합니다.

❶ 마우스 오른쪽 클릭 후 [Disable] 선택

'PDF_Result.xlsx' 파일에 결과 기록하기

PDF에서 추출된 데이터를 미리 생성해둔 'PDF_Result.xlsx' 파일에 기록하려 합니다. 하나의 값을 제목에 맞춰 차례대로 입력하는 과정을 진행할 예정입니다.

01 [Commands] > [Excel] > [Set Cell]을 더블클릭합니다.

02 [Excel] 대화상자가 나타나면 [Specific Cell]을 선택하고 'A$File—count$'를 입력합니다. [Cell Value]는 'no'을 입력합니다.

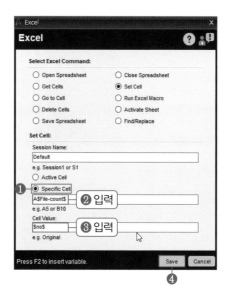

03 추가로 name 항목을 생성합니다. 'B$File-count$'를 입력합니다. [Cell Value]는 '$name$'을 입력합니다.

04 마지막으로 value 항목을 생성합니다. 'C$File-count$'를 입력합니다. [Cell Value]는 '$value$'를 입력합니다.

05 Script 입력이 완료되었다면 [Run]을 동작하여 정상적으로 Excel 파일이 업데이트되는지 확인합니다.

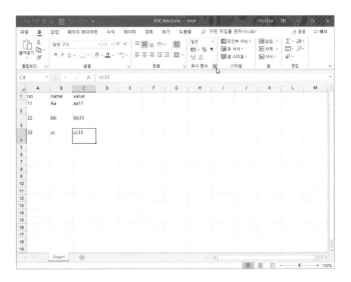

PDF 파일과 줄 수 그리고 xlsx 위치에 맞춰서 Script를 삽입해야 합니다. 현재 '11.pdf' 파일의 내용은 xlsx의 2번째 줄부터 입력되어야 하므로 'File-count'의 숫자가 늘어난 후 xlsx 데이터를 업데이트하도록 Script 값을 설정하였습니다.

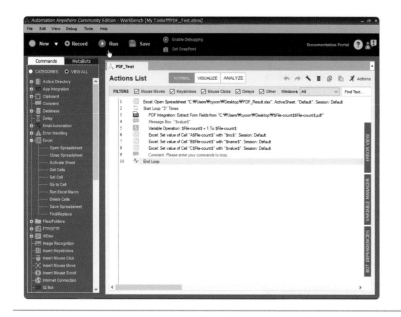

| UiPath에서 PDF 데이터 추출하기 |

UiPath의 경우 기본 설치 버전에서는 PDF 추출하기를 제공하지 않습니다. 하지만 패키지 확장이 쉽게 가능하기 때문에 패키지 설치를 통해 확장이 가능합니다.

◀ 패키지 관리 창에서는 다양한 패키지의 검색과 다운로드가 가능합니다.

◀ 패키지에 따라 별도의 라이선스 동의가 필요한 경우도 있습니다.

◀ PDF 관련 패키지 다운로드 후 추가된 패키지 가 사용 가능한 상태로 보여집니다.

14장

Automation Anywhere로 Email 데이터 추출하기

이번 과정에서는 Email 데이터를 순차적으로 추출 후 첨부 파일을 첨부하여 Email을 보내는 방법에 대하여 알아보겠습니다. 이전 과정에서 생성한 'PDF_Result.xlsx' 파일을 첨부 파일 생성에 활용할 예정입니다.

- 예제 파일 : 14장_생성 파일/Email_List.xlsx , PDF_Result.pdf , PDF_Result.xlsx
- 완성 파일 : 14장_생성 파일/Email_send.atmx

샘플 만들기

Email 보내기 작업에는 Email 보내기 정보가 담긴 xlsx 파일과 Email에 첨부할 데이터용 xlsx 파일이 필요합니다. Email에 첨부할 파일은 이전 작업 과정에서 생성한 'PDF_Result.xlsx' 파일을 활용할 예정이며, Email 보내기 리스트는 작성할 예정입니다.

01 이전 과정에서 생성한 'PDF_Result. xlsx' 파일을 바탕 화면에 위치시킵니다.

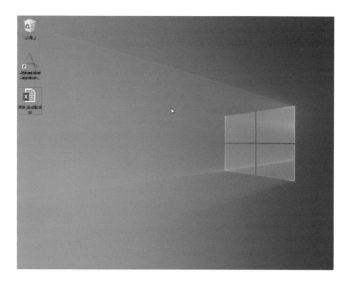

02 샘플 사용 예정인 'PDF_Result. xlsx' 파일의 내용은 다음과 같습니다. 내용 확인 후 해당 파일을 닫습니다.

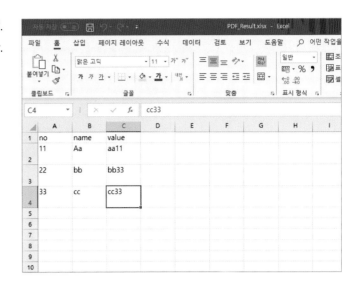

03 이제 Email 리스트 생성을 위해 Excel을 실행하고 빈 문서를 생성합니다.

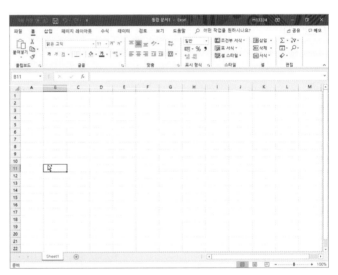

04 빈 문서에 이름과 Email 정보를 입력합니다. 개수의 제한은 없지만, 발신을 위한 데이터이므로 Email 수신이 가능한 계정을 적어줍니다.

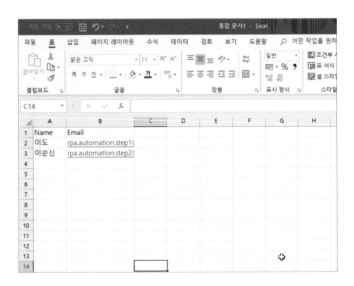

05 내용을 모두 작성하였으면, 바탕
화면에 파일명을 'Email_List.xlsx'로 저
장합니다.

Email 계정 Gmail로 설정하기

다양한 Email을 설정할 수 있지만 여기서는 누구나 쉽게 가입 가능한 Gmail을 활용한 방법에 대하여 알아보려 합니
다. 지원하는 Email의 종류에 따라 세부 속성은 조금씩 다를 수 있습니다.

01 Automation Anywhere에서 Email
을 발송하기 위해서는 Email을 제공하
는 사이트와 Automation Anywhere에
서 각각 기본적인 설정 작업이 필요합
니다. 여기서는 Gmail 기준으로 설명하
겠습니다. 먼저 Chrome을 실행합니다.

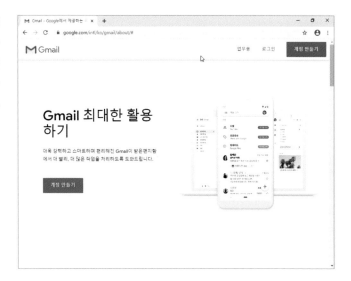

02 Gmail로 로그인하고 화면 우측의 톱니 모양 아이콘을 클릭하고 [설정]을 선택합니다.

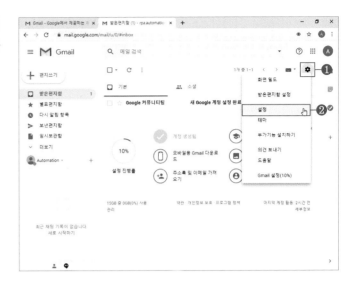

03 [설정] 페이지에서 [전달 및 POP/IMAP]을 클릭합니다.

04 [IMAP 액세스]에서 [IMAP 사용]으로 변경 후 [변경사항 저장] 단추를 클릭합니다.

05 구글 보안이 이전에 비해 강화되었으므로, 추가적인 옵션 변경이 필요 합니다. Google의 보안 옵션 중 '보안 수준이 낮은 앱 허용 사용' 옵션 체크 작업을 진행 하기 위해 'https://myaccount.google.com/lesssecureapps'로 접속 후 '보안 수준이 낮은 앱 허용: 사용'을 On 해주세요. 이제 Automation Anywhere에서 사용을 위한 기본적인 Email 설정 작업이 완료되었습니다.

TIP

사용자의 Gmail 보안 수준에 따라 추가 설정이 필요할 수 있습니다.

Automation Anywhere의 Email 설정

Gmail에서 사전 설정이 완료되었으므로 Automation Anywhere에서 Email 설정 작업을 진행하려고 합니다. 각각의 설정은 기억되므로 한 번만 하면 됩니다.

01 이제 Email 설정을 위해 Automation Anywhere를 실행하고 [Tools] > [Options] 메뉴를 클릭합니다.

02 [Options] 대화상자가 나타나면 [Email Settings]를 선택하고 [Host]는 'smtp.gmail.com' [Post]는 '465'를 입력 합니다.

03 3개의 체크 박스를 모두 체크하고 [Username]은 본인의 Gmail을 입력하고 [Password]는 Gmail 암호를 입력하면 됩니다.

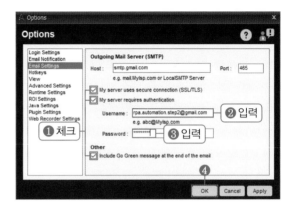

사용될 변수 생성 작업

사전에 몇 개의 변수가 생성될지 설계해서 작업한다면 보다 효율적으로 작업이 가능합니다. 하지만 꼭 처음에 모든 변수를 선언하지 않더라도 도중에 변수 추가 작업은 가능하므로 변수 추가를 위해 너무 오래 고민할 필요는 없습니다.

01 [New] > [Choose an option] > [Workbench]를 클릭하여 새로운 RPA Process를 생성합니다.

02 총 3개의 변수를 생성할 예정입니다. 먼저 'Email_List.xlsx' 파일의 'Name' 값을 가져오는 데 사용될 'Name-value'는 Null 값으로 생성합니다.

03 'Email_List.xlsx' 파일의 'Email' 값을 가져오는 데 사용될 'Email-value'도 Null 값으로 생성합니다.

04 마지막으로 Loop문 줄 수를 활용하는 데 사용할 'Email-count' 변수는 [Value]는 '2'로 설정하여 생성합니다.

05 기본적인 준비 단계가 완료되었으므로 본격적인 Script 작업을 진행합니다.

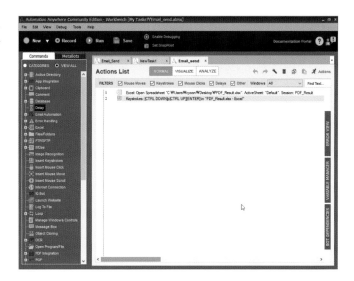

첨부 파일용 PDF 파일 만들기

Email에 첨부될 PDF 파일을 Automation Anywhere에서 'PDF_Result.xlsx' 파일의 재저장 동작을 통해 자동으로 생성되게 하는 작업을 진행할 예정입니다. 자동으로 생성된 결과물은 모든 동작이 완료된 후 자동으로 삭제하는 것이 좋습니다.

01 'PDF_Result.xlsx' 파일은 PDF로 변경하여 Email의 첨부 파일로 활용할 예정입니다. 'PDF_Result.xlsx' 파일을 여는 동작을 위해 [Commands] > [Excel] > [Open Spreadsheet]를 더블클릭합니다.

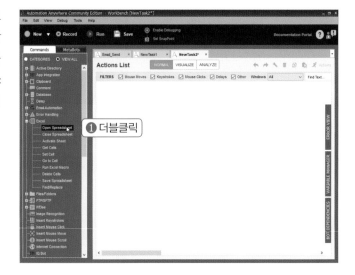

02 [Session Name]은 'PDF_Result'로 변경하고 [Path]는 바탕 화면의 'PDF_Result.xlsx' 파일을 선택한 후 [Save] 단추를 클릭합니다.

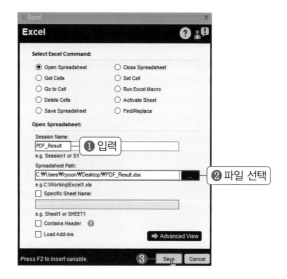

03 다음 동작 전에 'PDF_Result.xlsx' 파일을 열린 상태로 만들어야 하므로, [Save]를 진행합니다. 파일명은 'Email_send'로 작업해주세요.

04 [Run]을 실행하여 'PDF_Result.xlsx' 파일이 열리면 해당 문서를 닫지 말고 Script 창을 클릭하여 Script 편집 화면으로 다시 이동합니다.

05 이제 Excel에 단축키를 통해 PDF 파일로 변경할 예정입니다. [Commands] > [Insert Keystrokes]를 더블클릭합니다.

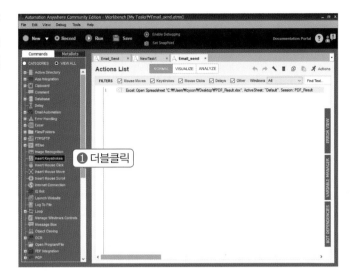

06 [Insert Keystrokes] 대화상자가 나타나면 [Select Window]는 'PDF_Result.xlsx – Excel'을 선택합니다.

> **TIP**
>
> 현재 실행된 프로그램 리스트에서 선택하면 됩니다.

07 [Keystrokes]는 '[CTRL DOWN]p[CTRL UP][Enter]'를 입력합니다.

08 다시 한번 [Run]을 실행하면 PDF 출력값인 [다른 이름으로 프린터 출력 저장] 대화상자가 나타나게 됩니다.

TIP

프린터 설정의 경우 만약 PDF가 기본 값이 아니라면 기본값은 PDF 변경 후 작업합니다.

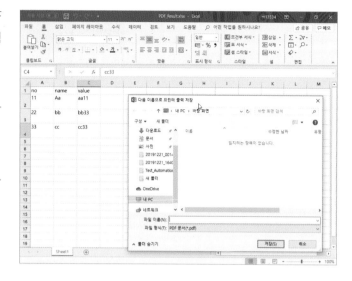

09 8단계의 대화상자가 열린 상태에서 닫지 말고 다시 Script 편집 화면으로 이동합니다.

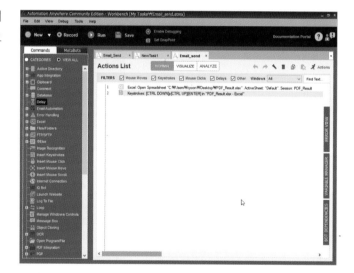

10 대화상자가 표시까지 기다리는 시간을 넣기 위해 [Commands] > [Delay]를 더블클릭합니다.

11 [인쇄] 대화상자가 표시될 때까지 기다릴 예정이므로 [Wait for window]를 체크합니다. [Select Window]는 '다른 이름으로 프린터 출력 저장'을 선택 후 [Save] 단추를 클릭합니다.

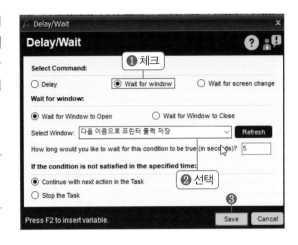

> **TIP**
>
> 만약 해당 항목이 보이지 않는다면 우측의 [Refresh] 단추를 클릭해 보세요.

12 이제 인쇄 파일 이름을 넣고 저장을 완료할 예정입니다. 다시 한번 [Commands] > [Insert Keystrokes]를 더블클릭합니다.

13 [Select Window]는 '다른 이름으로 프린터 출력 저장'을 선택 후 [Keystrokes]는 'PDF_Result[ENTER]'를 입력하고 [Save] 단추를 클릭합니다.

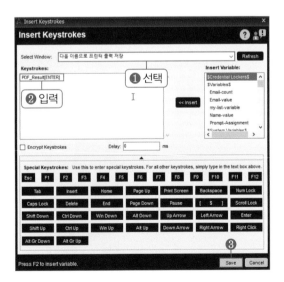

14 정상적인 동작을 위해 [Comman ds] > [Delay]를 활용하여 3초를 추가 합니다.

15 'PDF_Result.xlsx' 파일은 [Comm ands] > [Excel] > [Close Spreadshe et]를 통해 닫습니다. [Session Name] 을 확인합니다.

16 [Run]을 하게 되면 바탕 화면에 PDF 파일이 생성되는 것을 확인할 수 있습니다. 다음 단계에서 필요하므로 'PDF_Result.pdf' 파일은 잠시 지우지 마세요.

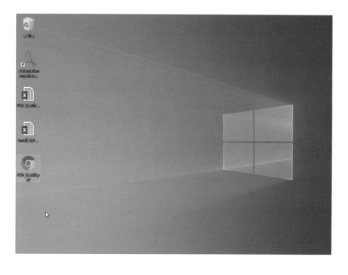

Email 보내기

Email 보내기 작업을 하려 합니다. 이전에 자동으로 생성되는 파일을 생성 후 삭제하지 말고 활용해야 합니다. Automation Anywhere에서는 명확한 파일 이름뿐 아니라 자동화 동작에 필요한 파일이 미리 준비되어 있어야 추가 자동화 Script 생성 작업이 가능합니다.

01 발신에 필요한 Email 정보가 담긴 'Email_List.xlsx' 파일을 불러옵니다. [Session Name]은 'Email_List'로 설정합니다.

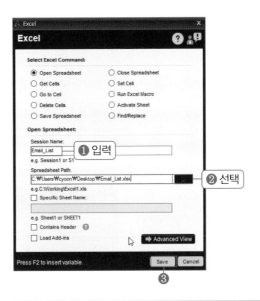

02 2개의 Email을 추가하였으므로 [Time]이 2인 Loop문을 추가합니다.

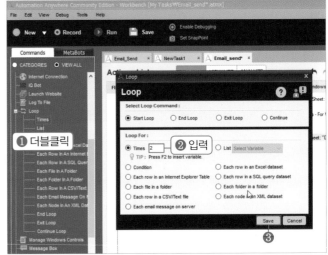

03 'Email_List.xlsx' 파일의 Name 값을 'Name-value' 변수에 넣어주세요. [Commands] > [Excel] > [Get Cells]를 사용합니다.

TIP

세부 옵션값으로 [Session Name]은 'Email_List', [Specific Cell]은 'A$Email-count$'로 입력합니다.

04 동일한 방식으로 Email 값을 'Email-value' 변수에 넣어주세요. 역시 [Commands] > [Excel] > [Get Cells]를 사용합니다.

TIP

세부 옵션값으로 [Session Name]은 'Email_List', [Specific Cell]은 'B$Email-count$'로 입력합니다.

05 줄마다 숫자가 올라가도록 [Variable Operation]을 통해 Email-count 값을 업데이트합니다.

06 이제 준비물이 모두 생성되었으므로 Email을 보내려 합니다. [Commands] > [Send Email]을 더블클릭합니다.

07 [Send Email] 대화상자가 나타나면 [From]에는 현재 내 Email 정보를 입력하면 됩니다. [To]에는 '$Email-value$'를 입력합니다. 해당 변수를 통해 Excel에서 불러온 Email 순서대로 발송됩니다.

08 [Subject]에는 '$Name-value$ 님 안녕하세요'를 입력합니다. 이 항목을 통해 메일 제목은 수신인의 이름이 들어가게 됩니다.

09 [Attachment]는 첨부 파일입니다.
오른쪽에 클립 모양을 클릭합니다.

10 조금 전 생성된 'PDF_Result.pdf'
파일을 선택하고 [열기] 단추를 클릭합
니다.

11 Email 내용인 Message는 별도의
수정 없이 [Save] 단추를 클릭합니다.

TIP

여기서는 Message 내용을 변경하지
않았지만 일부 내용을 변경하며 동작
확인해 보셔도 됩니다.

12 Loop문이 끝난 후 바탕 화면의 'PDF_Result.pdf' 파일을 제거하는 Script를 추가합니다. [Commands] > [Files/Folders] > [Delete Files]를 더블클릭합니다.

13 [File Name]은 'PDF_Result.pdf'를 입력한 후 [열기] 단추를 클릭합니다.

14 첫 [Run] 실행 전에는 'PDF_Result.pdf' 파일은 수동으로 삭제 후 [Run] 동작을 진행합니다.

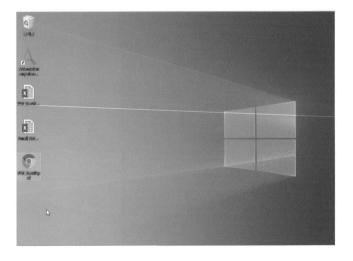

15 Script 완료 후 Gmail에 접속하여 Email과 첨부 파일이 정상적으로 도착했는지 확인합니다.

TIP

Delay 시간은 상황에 따라 조절해 주세요. 안정적인 사용을 위해서는 Delay를 적절하게 삽입해주는 것이 중요합니다. PC 성능에 따라 해당 값은 차이가 발생할 수 있습니다.

Keystrokes를 통해 Script를 작성해보면 보조로 사용되는 [Ctrl / Shift / Alt]는 [Down]과 [Up]으로 구분되어 있습니다. [Down]은 키를 누른다는 의미이며, [Up]은 다시 키가 올라온다는 의미입니다. [Down] 후 [Up]을 하지 않는다면 해당 키가 눌린 상태가 되므로 그 후 입력되는 값들이 원하지 않는 형태로 입력될 수 있습니다.

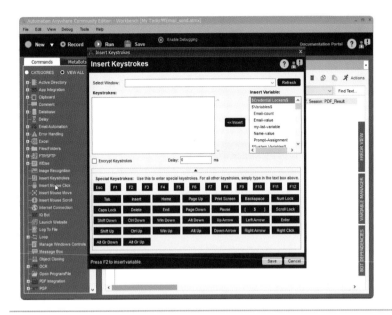

Excel에서 쓰는 단축키를 입력할 때는 소문자 형식으로 입력해야 더욱 안정적으로 작동됩니다.

| UiPath에서 Email 보내기 |

UiPath에서도 Email을 보내거나 받는 기능을 기본적으로 제공하고 있습니다. [Exchange] > [Send Exchange Mail Message]를 활용하여 쉽게 Email 보내기가 가능합니다.

◀ UiPath도 Email 관련 기능을 기본 제공하고 있습니다.

◀ [사용 가능] > [앱 통합] > [메일] > Exchange > [Send Exchange mail Message] 클릭 시 플로우 차트로 삽입된 것을 확인할 수 있습니다.

15 장 수신된 Email을 OCR로 분석하기

이번 과정에서는 이전 과정에서 발송한 Email 데이터를 가져와서 첨부 파일을 다운로드 후 해당 파일을 Automation Anywhere의 OCR 기능을 활용하여 분석할 예정입니다. PDF 데이터를 바로 가져오는 기능은 이전 과정에서 진행하였으므로, 이번에는 PDF 파일을 캡처 후 Image에서 OCR을 통해 표의 가운데 데이터만 가져오겠습니다.

- 예제 파일 : 15장_생성 파일/PDF_Result.xlsx, PDF_Result.pdf, Import_Excel.atmx
- 완성 파일 : 15장_생성 파일/Get_Email.atmx

Email 다운로드 설정하기

Automation Anywhere에서는 Email 보내기뿐 아니라 받기도 쉽게 연동하여 동작할 수 있습니다. Email의 내용이나 제목을 확인해서 필요에 따라 구분해서 받을 수 있습니다.

01 Automation Anywhere를 실행하고, [New] > [Choose an option] > [Workbench]를 클릭하여 새로운 RPA Process를 생성합니다.

02 [Commands] > [Email Automation] > [Get All Messages]를 더블클릭합니다.

03 [Host Name]은 'imap.gmail.com'을 입력합니다. [User Name]은 이전 과정에서 수신 목록에 사용된 Email 주소를 입력합니다. [Password]도 함께 입력합니다. 그리고 [Server uses secure connection (SSL)]을 체크합니다.

04 [Message Format]은 [Plain Text]을 체크하고 [Save attachment in]은 바탕 화면으로 설정합니다. [IMAP]를 체크하고 [Port Number]은 '993'으로 설정합니다. [Overwrite File(s)]에 체크된 것을 확인하고 [Save] 단추를 클릭합니다.

05 Script 입력 창을 보면 자동으로 Loop문이 삽입된 것을 확인할 수 있습니다.

06 Email 다운로드가 정상적으로 진행되는지 확인을 위해 중간에 Message Box를 삽입 후 내용에는 '$Counter$: $Email From$ [$Email Subject$]'를 입력합니다. [Close message box]를 체크하고 5초로 설정합니다.

TIP Email 순서

Email 발신인 [Email 제목]입니다.

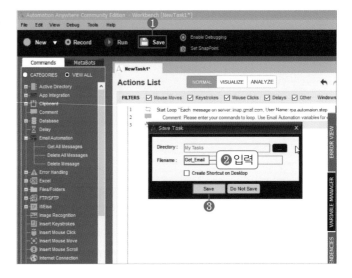

07 우선 Email 다운로드가 완료되었으므로 실행 전 [Save]로 'Get_Email'이라는 이름으로 저장합니다.

08 [Run]을 진행하여 Message Box 내용과 바탕 화면에 첨부 파일이 다운로드 받아지는지 확인합니다.

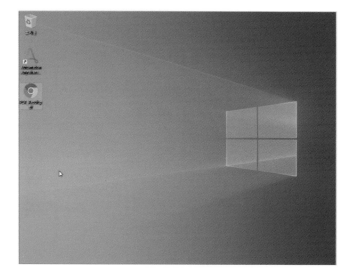

PDF 파일을 이미지로 재저장하기

이번에 진행할 내용은 Automation Anywhere의 OCR 기능의 동작을 확인해 보기 위한 작업이므로 PDF 파일을 이미지로 변경하는 작업을 진행할 예정입니다.

01 다음 작업 전에 Email 가져오기 Script는 모두 Disable 처리합니다.

TIP

각 단계별로 Disable 처리하면 보다 효율적으로 Run 동작 확인이 가능합니다.

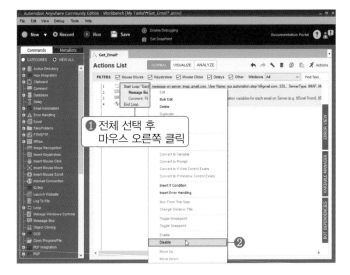

02 먼저 문서를 열기 위해 [Commands] > [Files/Folders] > [Open File]을 더블클릭합니다.

03 [Open File Name]은 바탕 화면의 'PDF_Result.pdf' 파일을 선택하고 [Save] 단추를 클릭합니다.

04 [Save] 후 [Run]을 하여 정상적으로 실행되는지 확인합니다. 다음 단계에서 해당 프로세스를 활용할 예정이므로 'PDF_Result.pdf' 파일이 열리면 닫지 않고 Script 창으로 넘어갑니다.

05 Delay를 통해 문서가 열릴 때까지 기다리는 코드를 삽입합니다. [Commands] > [Delay]를 더블클릭합니다.

06 [Delay/Wait] 대화상자가 나타나면 [Wait for window]를 체크합니다. [Select Window]에서 'PDF_Result.xlsx – Chrome'을 선택합니다.

TIP

만약 해당 항목이 보이지 않는다면 [Refresh] 단추를 클릭합니다.

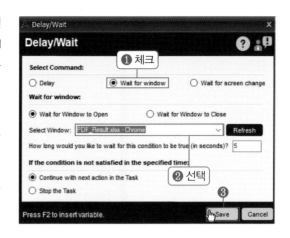

07 OCR 기능의 정확도를 확장하기 위해서 단축키를 추가할 예정입니다. 지금은 Chrome에서 해당 PDF를 열었으며, 화면 확대 단축키는 Ctrl + + 를 활용하여 5번 화면을 확대할 예정입니다. 단축키 동작 추가를 위해 [Commands] > [Insert Keystrokes]를 더블클릭합니다.

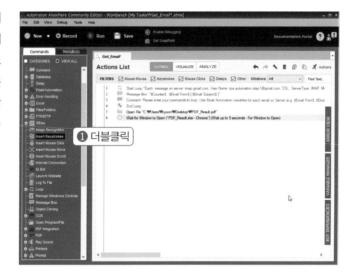

08 단축키를 입력할 프로그램을 선택해야 하므로 [Select Window]에서 'PDF_Result.xlsx – Chrome'을 클릭합니다.

09 [Keystrokes]에는 '[CTRL DOWN] ++++[CTRL UP]'을 입력합니다.

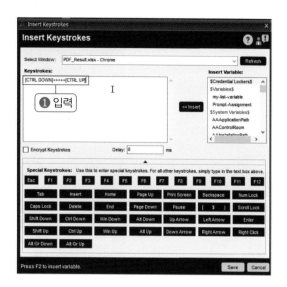

10 너무 빠르게 키를 입력하면 프로그램에 반영되지 않을 수 있으므로 [Delay]를 추가하는 것이 좋습니다. [Delay]는 '250'을 입력하고 [Save] 단추를 클릭합니다.

TIP

0.25초를 의미합니다.

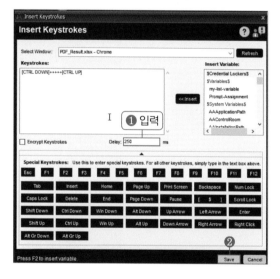

11 단축키를 눌러준 후 화면에 반영되는 시간이 좀 더 필요할 수 있으므로 1초(1000)로 Delay Script를 추가합니다.

TIP

위의 따라하기에서 적용한 값은 입력 전 Delay를 주는 것이며, 이곳의 따라하기에서 적용한 값 입력 후 Delay입니다.

12 이제 현재 화면을 캡처하기 위해 [Commands] > [Screen Capture] > [Capture Desktop]을 더블클릭한 후 [Specify Image Location]은 바탕 화면에 'Result.png' 파일로 설정합니다. 하단에 [Overwrite File]을 체크하고 [Save] 단추를 클릭합니다.

13 열려 있는 Chrome을 닫기 위해 단축키를 사용합니다. 단축키 동작 추가를 위해 [Commands] > [Insert Keystrokes]를 더블클릭합니다.

14 [Select Window]에서 'PDF_Result.xlsx – Chrome'을 선택합니다. Chrome을 닫기 위한 단축키인 [Keystrokes]에는 '[CTRL DOWN][F4][CTRL UP]'을 입력하고 [Save] 단추를 클릭합니다.

이번에는 애플리케이션을 종료할 때 Ctrl+F4를 사용했지만 [Commands] > [Window Actions] > [Close Window]를 사용하는 것이 좀 더 안정적일 수 있습니다. 다양한 방법으로 접근하는 방법을 알고 있다면 추후 작업할 때 좀 더 효율적인 방법을 선택적으로 적용 가능합니다.

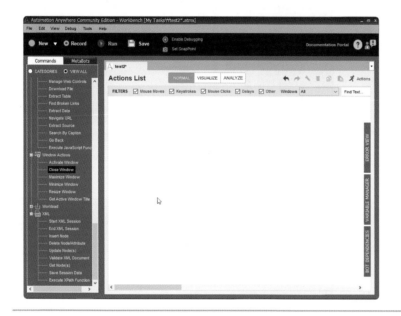

15 문서가 닫히기 위한 대기 시간인 2초(2000)의 Delay 시간을 추가합니다.

TIP

PC 성능에 따라 변화를 주는 것이 좋습니다. 더욱 안정적인 사용을 원하는 경우 값을 크게 늘립니다.

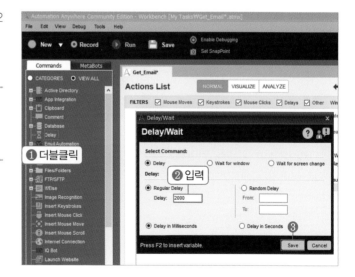

16 이제 'PDF_Result.pdf' 파일의 사용이 종료되었으므로 [Commands] > [Files/Folders] > [Delete Files]를 사용하여 파일을 삭제합니다.

17 [Save] 후 [Run]을 하여 바탕 화면에 'PDF_Result.pdf' 파일은 삭제되며, 'Result.png' 파일만 남아 있는 것을 확인할 수 있습니다.

TIP

불필요한 생성 파일을 Script에 삭제 코드를 사용해 정리한다면 더욱 안정적인 RPA 동작이 가능해집니다.

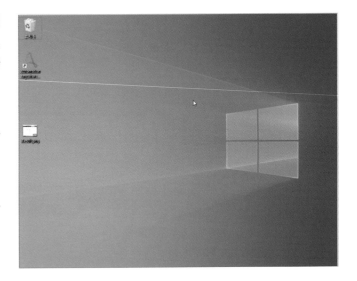

18 'Result.png' 파일을 열어서 정상적으로 이미지가 생성되었는지 확인합니다.

19 Script가 정상 동작했다면 Disable 을 진행합니다.

OCR로 이미지의 가운데 데이터 추출하기

이미지에서 글자를 추출하는 데 가장 잘 활용할 수 있는 OCR 기능은 이미지 파일 처리가 많은 경우 굉장히 유용하게 활용할 수 있습니다. OCR 기능은 언어나 해상도, 글꼴 등에 영향을 받기 때문에 추출하려는 이미지에서 미리 정확도 확인을 진행하는 것이 좋습니다.

01 [VARIABLE MANAGER]를 선택 후 [Add] 단추를 클릭해 변수를 추가합 니다. [Name]은 'OCR-Value'로 설정 합니다. OCR에서 추출한 값을 담을 수 있는 변수로 사용될 예정입니다.

02 [Commands] > [OCR] > [Capture Image By Path]를 클릭합니다.

03 [OCR] 대화상자에서 [Select image path]에는 바탕 화면에 있는 'Result. png' 파일을 선택합니다.

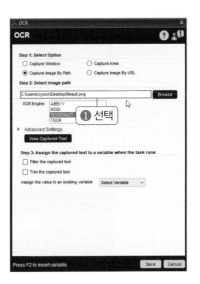

04 [OCR Engine]을 'TESSERACT'로 선택하고 [Advanced Settings]의 [View Captured Text]를 클릭합니다. 잠시 로딩이 진행된 후 우측 하단에 [Captured Text]가 나타납니다.

05 가져온 값은 유효한 데이터와 유효하지 않은 데이터가 섞여 있습니다. [Filter the captured text]와 [Trim the captured text]를 각각 체크합니다.

06 [Before]에는 '22'를 입력하고 [After]에는 'bb33'을 입력합니다. 우측 하단에 인식된 글자에 따라 다르게 입력해야 하는 예도 있습니다.

07 [Select Variable]은 조금 전 생성한 'OCR-Value'를 선택하고 [Save] 단추를 클릭합니다.

08 Message Box를 추가하여 정상적으로 가운데 값인 'bb' 값이 추출되는지 확인합니다.

TIP

RPA 동작 시 최소 2회 이상 동작을 진행하여 결과를 직접 확인해야 합니다. 간혹 Script 동작 도중 생성되어 남아 있는 파일이 다음 RPA 동작 시 영향을 줄 때 전체 동작에 영향을 줍니다.

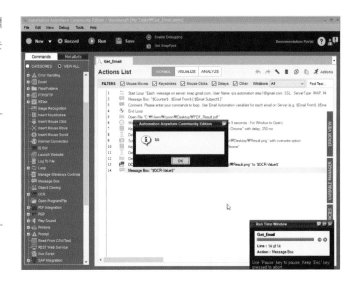

09 이제 전체 동작 확인을 위해 'Disable'했던 항목을 다시 [Enable]로 변경합니다.

① 전체 선택 후 마우스 오른쪽 클릭

②

10 바탕 화면에 'Result.png' 파일을 삭제하여 불필요한 샘플 파일을 모두 제거합니다.

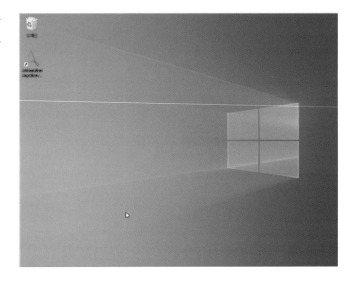

11 [Save] 후 [Run]을 하여 정상적으로 진행되는지 확인합니다.

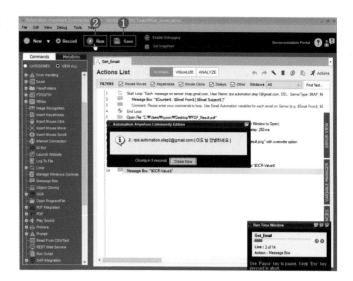

TIP

OCR 시 표의 띄어쓰기 공간이 넓은 경우 글자 순서가 기댓값과 다르게 나올 수 있습니다. OCR 우측 하단 Text 추출값을 확인합니다.

16장

Automation Anywhere의 Text 값 추출 및 이를 활용한 제품 위치 클릭하기

이번 과정에서는 txt 파일에 적혀있는 Text 값을 가져와서 마우스의 움직이는 좌표로 사용하는 방법에 대하여 알아보겠습니다. 먼저 txt 파일에서 마우스의 위치를 가리키는 값을 가져와서 메모장을 기준으로 4개의 좌표와 가져온 값을 기준으로 이동한 좌표로 이동하겠습니다.

• 예제 파일 : 16장_생성 파일/Mouse_pos.txt, New_Excel.xlsx
• 완성 파일 : 16장_생성 파일/Txt_mouse_move.atmx

샘플 예제 만들기

본격적인 RPA 전에 샘플 만들기 작업을 진행하겠습니다. 이번 장에서는 txt 파일에서 Text 값을 추출할 예정이므로 이에 필요한 일정한 형식의 txt 파일을 생성합니다. 또한 결과를 담을 xlsx 파일도 생성합니다.

01 메모장을 열고 'left:500'과 'top: 400'을 각각 다른 줄에 입력 후 바탕화면에 'Mouse_pos.txt'라는 파일명으로 저장합니다.

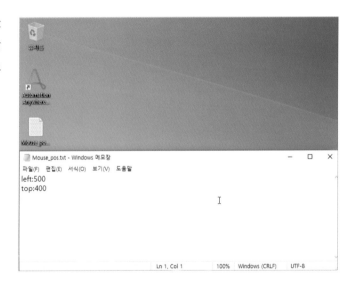

02 Excel을 실행하여 빈 문서를 저장합니다. 파일명은 'New_Excel.xlsx'입니다.

03 2개의 샘플이 완료되었으면 다음 단계로 이동합니다.

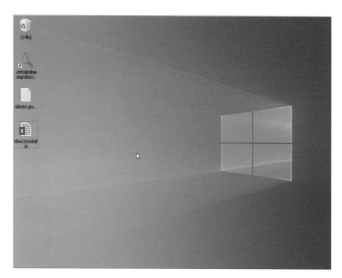

사용할 변수 만들기

변수 만들기 작업을 진행하려고 합니다. 이번에는 총 3개의 변수를 생성해서 txt 파일에서 추출한 값을 담을 예정입니다.

01 Automation Anywhere를 실행합니다. [New] > [Choose an option] > [Workbench]를 선택하여 새로운 RPA Process를 생성합니다.

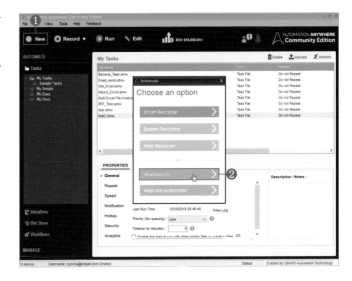

02 이번에는 3개의 변수를 추가할 예정입니다. txt 파일의 각 줄의 Text 값을 가져올 변수와 마우스가 이동할 Left 값과 Top 값을 담을 변수입니다. 'txt_text', 'mouse_left', 'mouse_top' 변수를 각각 추가합니다.

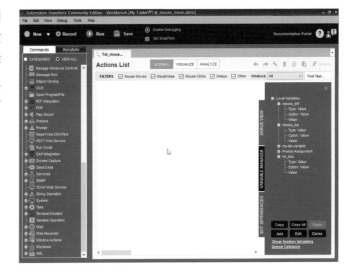

03 이번엔 본격적인 작업 전에 'Txt_mouse_move' 파일명을 입력하여 저장합니다.

txt 파일의 Text 값 추출하기

Automation Anywhere에서는 Text 값을 쉽게 추출 가능합니다. 줄 단위로 추출한 다음 If문을 통해 적절한 위치로 분배하여 사전에 생성한 변수에 넣는 작업을 진행해보겠습니다.

01 'Mouse_pos.txt' 값의 추출을 위해 [Commands] > [Read From CSV/Text]를 더블클릭합니다.

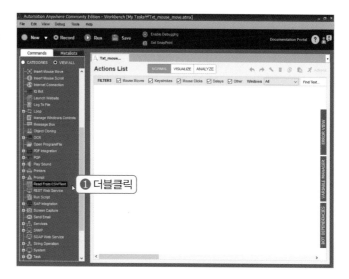

02 [Read From CSV/Text] 대화상자가 나타나면 [Text]를 체크하고 [Select File]은 바탕 화면에 만들어둔 'Mouse_pos.txt' 파일을 선택합니다. [Session Name]는 'Txt_Value'로 설정합니다.

03 화면에 Loop문이 자동으로 삽입된 것을 확인할 수 있습니다.

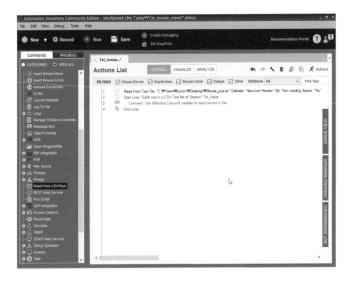

04 Loop문 안쪽에 커서를 둔 후 다음 작업을 진행합니다. 한 줄씩 불러온 것을 이전에 만들어둔 변수인 'txt_text'에 넣어줍니다. [Variable Operation]을 이용합니다.

TIP

시스템에서 기본 제공하는 '$Filedata Column(1)$'를 이용하면 각 줄마다 값을 추출할 수 있습니다.

05 만약 가져온 줄에 left 값이 포함되어 있다면 'mouse_left' 변수에 넣어주는 작업을 진행할 예정입니다. [If/Else] > [Variable]을 더블클릭합니다.

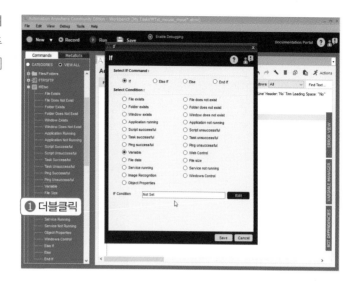

06 [Edit] 단추를 통한 설정값으로 [Variable]은 'txt_text'를 입력하고, [Operator]는 'Includes'로 설정합니다. [Value]의 [Fix]를 체크하고 'left'를 입력합니다.

07 다시 한번, [If/Else] > [Variable]을 더블클릭하여 대화상자를 엽니다. [Else if]를 체크하고 다음과 같이 설정합니다.

08 [Edit] 단추를 통한 설정으로 [Var
iable]은 'txt_text'를 입력하고, [Operat
or]는 'Includes'로 설정합니다. [Value]
의 [Fix]를 체크하고 'top'을 입력합니다.

09 Script는 If문 하위에 Else If문이 들
어가면 됩니다.

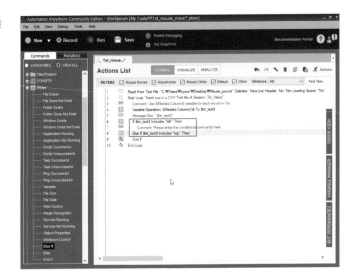

10 이제 가져온 Text 값에서 불필요
한 값을 제거하여 숫자 값만 각각의 변
수에 담는 작업을 진행합니다. [Comm
ands] > [String Operation] > [Repla
ce]를 더블클릭합니다.

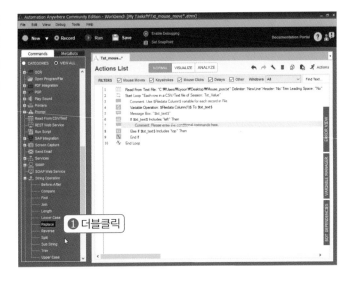

11 [Source String]은 'txt_text'를
입력합니다.

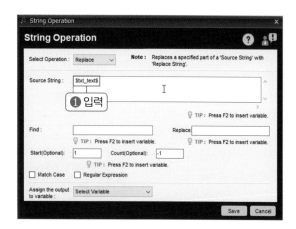

12 [Find]에는 'left:'를 입력하고 [Re
place]는 빈 값으로 유지합니다. 그리
고 [Assign the output to variable]에서
'mouse_left'를 클릭합니다.

13 동일한 방법으로 'mouse_top' 값
을 Else If문 하단에 추가합니다.

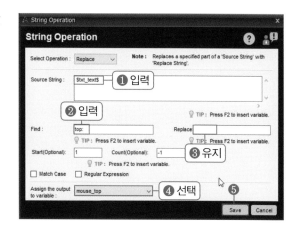

제품 실행 및 지정한 Text를 이용한 값의 위치 클릭하기

마우스 동작을 Text에서 받은 숫자를 통해 조정하려고 합니다. RPA 작업을 진행하다 보면 다양한 방식으로 클릭값을 유동적으로 처리해야 하는 경우가 많기 때문에 꼭 txt 파일이 아니더라도 원하는 위치를 클릭하기 위한 효율적인 방법을 찾는다면 RPA 작업의 효율성을 보다 높일 수 있게 될 것입니다.

01 미리 생성한 'New_Excel.xlsx' 파일을 실행하는 Script를 추가합니다. [Session Name]은 'New_Excel'로 설정합니다. 작업이 완료되었으므로 [Save]로 저장하여 대화상자를 닫은 후 [Run]을 통해 문서를 열어주세요.

02 다음 단계에서 사용할 예정이므로 문서는 닫으면 안 됩니다.

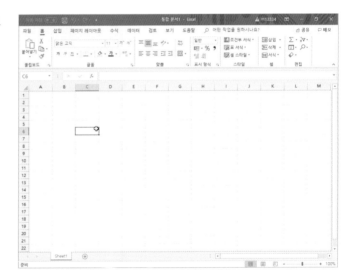

03 프로그램이 실행될 때까지 대기하기 위해 [Commands] > [Delay]를 삽입합니다. [Wait for window]를 체크하고 'New_Excel.xlsx − Excel'을 선택합니다.

04 'New_Excel.xlsx' 파일의 프로그램 크기를 강제로 조절하겠습니다. 이 작업을 통해 프로그램의 클릭 위치를 보다 정확하게 만들 수 있습니다. [Commands] > [Window Actions] > [Resize Window] 기능을 통해 더블클릭합니다.

05 [Select Window]는 'New_Excel. xlsx − Excel'을 선택합니다.

06 [Top] 값은 Excel이 모니터 화면 위에서 아래 방향으로 이동한 값을 의미합니다. 여기서는 '50'을 입력합니다.

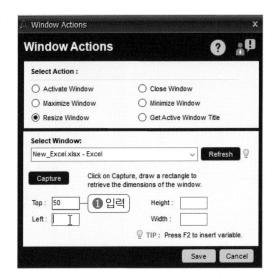

07 [Left] 값은 Excel이 모니터 화면 왼쪽에서 오른쪽 방향으로 이동한 값을 의미합니다. 여기서는 구분을 위해 '100'을 입력합니다.

08 [Height] 값은 Excel의 높이를 의미합니다. 여기서는 '500'을 입력합니다.

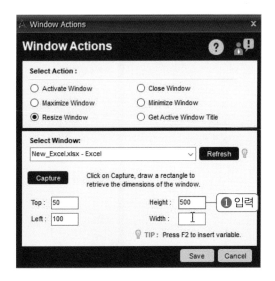

09 [Width] 값은 Excel의 좌우 폭을 의미합니다. '600'을 입력합니다.

10 실행되어 있던 Excel을 종료 후 [Run]을 동작하여 기존과 Excel 실행 후 크기가 다르게 변경되는지 확인합니다.

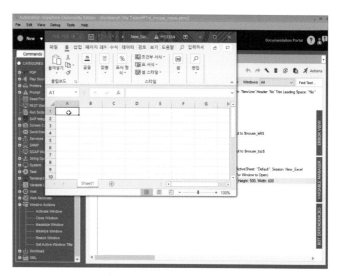

11 클릭의 대상인 Excel은 준비되었으므로 [Commands] > [Insert Mouse Click]을 더블클릭합니다.

12 [Select The Window] 값은 'New_Excel.xlsx – Excel'을 선택합니다.

13 [Capture] 단추를 마우스로 누른 상태로 잠시 기다리면(마우스를 누른 상태로 화면 변화를 기다려 주세요) 'New_Excel.xlsx – Excel'이 실행되며 현재 마우스 위치가 보입니다. 우리는 txt 파일에 x값인 left를 '500'을 입력했으며, y값을 '400'으로 입력했으므로 해당 값이 [F6] 셀 위치인 것을 확인할 수 있습니다.

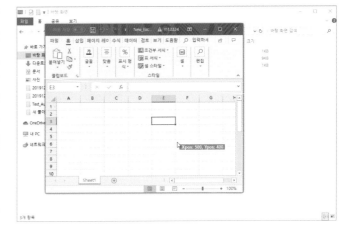

TIP

이 값은 PC나 Excel 버전마다 조금씩 차이가 있을 수 있습니다. 관련 값은 자동화 동작이 필요한 PC에서 확인하여 값을 확인 후 작업해야 올바른 결과물을 생성할 수 있습니다.

14 오른쪽 아래 Excel 창의 미리 보기 이미지가 보이게 되며 [Mouse Position] 값이 자동으로 입력됩니다. 값도 마우스가 위치했던 기준으로 자동으로 입력됩니다.

15 x와 y값에 각각의 txt 파일 추출 변수인 'mouse_left'와 'mouse_top' 값을 입력합니다.

TIP

F2를 통해 선택하여 삽입하면 됩니다.

16 'New_Excel.xlsx' 파일의 Excel이 열려있다면 [A1] 셀을 선택하고 창의 크기를 변경한 후 저장 & 종료합니다.

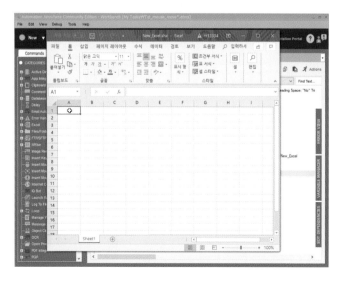

17 이제 [Run] 동작을 진행하여 기대
했던 위치에 정상적인 선택이 되는지
확인합니다.

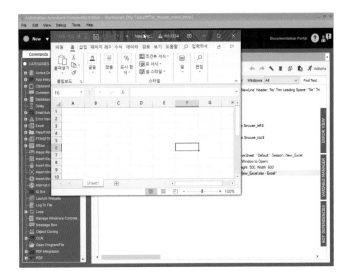

18 Text 값의 변화에 따른 동작 변화
를 확인하기 위해 'Mouse_pos.txt' 파
일을 열어서 값의 top 값을 '450'으로
변경하고 저장합니다.

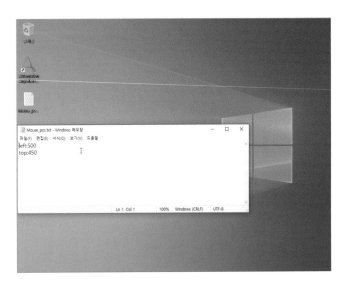

19 다시 [Run] 동작을 진행하여 txt
파일을 변경한 내용이 정상적으로 반영
되어 동작하는지 확인합니다.

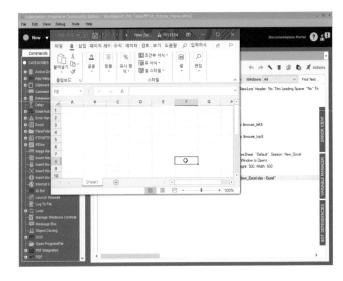

MS 오피스 등 오피스 계열 프로그램은 단축키가 잘 돼 있기 때문에 Automation Anywhere의 [Commands] > [Insert Keystrokes] 기능으로도 대부분의 기능을 활용할 수 있습니다. 하지만 일부 기능은 마우스 클릭만 가능하거나 단축키보다 클릭이 훨씬 효과적인 기능들이 종종 나타나는 경우가 있습니다. 이런 경우 제품의 크기를 조절하여 클릭하는 방법을 활용한다면 더 많은 작업을 효율적으로 진행할 수 있게 됩니다. [Commands] > [Window Actions] 의 기능들을 활용하여 제품의 크기를 변경하거나 언제나 전체 화면으로 프로그램이 실행되게 하는 작업은 이때 큰 도움이 됩니다.

| UiPath의 마우스 클릭 |

UiPath에서는 마우스 클릭을 당연히 지원하며, Automation Anywhere와 다르게 클릭 시 [Alt]나 [Ctrl] 등을 함께 설정할 수 있습니다.

또한 왼쪽, 오른쪽 가운데 클릭도 지원합니다.

17장 Automation Anywhere로 시나리오 기반 Script 작성해보기

사용된 예제들을 이용하여 다음 시나리오를 직접 작성해보세요. 직접 고민하고 작업해 보는 것이 가장 빠른 실력 향상의 길입니다. 직접 하다가 막히는 경우 다음 내용을 참고용으로만 활용하는 것이 좋습니다. 서울에서 부산을 가는 방법이 하나는 아닌 것처럼 다양한 방법으로 접근이 가능하므로 다음에 나오는 Script 작성 방법 또한 정답이 아닌 하나의 방법이라는 점도 참고 부탁드립니다.

- 예제 파일 : 17장_생성 파일/Email.txt, 상품.xlsx
- 완성 파일 : 17장_생성 파일/S1.atmx

미션

실제 RPA 작업을 진행하다 보면 특정 기능을 사용하는 것이 아니라 하나의 시나리오를 전달받아서 해당 시나리오를 보다 효율적으로 만들기 위한 작업을 많이 진행하게 됩니다. 시나리오를 고민하고 만들다 보면 점차 경험이 누적되고 보다 효율적으로 작업을 진행할 수 있게 될 것입니다.

a) 준비 작업

'상품.xlsx' 파일에 5개의 상품 이름을 입력합니다(최저가/제목/구매 링크/평균 가격을 자동으로 추가 입력 예정).

이름과 Email 정보가 담긴 'Email.txt' 파일 생성 이름과 Email은 콜론(':')으로 구분합니다.

b) 작업 진행

네이버 쇼핑 웹 페이지에서 '상품.xlsx' 파일에 입력된 5개의 상품의 최저가를 검색해서 각각의 '$상품명$.csv' 파일로 기록되도록 설정(상품명 별 각각의 파일 생성)합니다(추출 항목은 제목/구매 링크/가격입니다).

'$상품명$.csv'를 각각 호출하여 '상품.xlsx' 파일에 최저가, 제목, 구매 링크, 평균 가격(평균 가격은 30개 가격의 평균)을 각각 추가되도록 합니다.

모든 정보가 입력된 '상품.xlsx' 파일을 'Email.txt' 정보를 기준으로 각각의 Email 발송 – 제목에는 '최저가' 포함하여 발송하는 작업을 합니다.

샘플 예제 만들기

실제 업무에서는 아마 요청자가 샘플을 제공해줄 가능성이 높지만 우리는 직접 샘플도 제작해야 합니다. 이번에는 다양한 과일을 검색해 볼 예정입니다.

01 이번에는 '과일'을 검색할 예정입니다. 각각의 과일 이름을 정리하여 진행합니다.

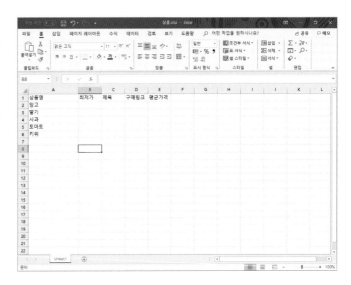

TIP

과일은 용량에 따른 결괏값에 변동이 큰 항목이므로 추후 검색 시에는 자동으로 '5kg'을 검색하도록 추가할 예정입니다.

02 이름과 Email 정보를 'Email.txt' 값에 정리하여 추가했습니다. 이때 구분자는 ':'를 활용합니다.

Web Recorder를 활용한 데이터 추출 작업

이미 한번 사용한 Web Recorder 기능이지만 이번엔 리스트를 기반으로 반복적인 추출 동작이 되도록 작업 전에 1회 먼저 추출 작업을 진행하며, Script를 생성해서 반복 사용할 예정입니다.

01 Chrome을 열고 네이버 쇼핑에서 '망고 5kg'를 검색합니다. 최저가 검색으로 검색 정보를 변경합니다.

02 웹 주소를 복사 후 Automation Anywhere를 실행한 후 [Record] > [Web Recorder]를 클릭합니다.

03 [Web Recorder] 대화상자가 나타나면 [URL]에 복사한 URL을 붙여준 후 [Start] 단추를 클릭합니다.

04 IE가 실행되며 Chrome에서 검색된 내용과 동일한 내용이 나오는지 확인합니다.

TIP

우측 하단의 [Web Recorder] 작업 창이 보이면 정상적으로 작동 중입니다.

05 IE 스크롤을 조금 내려 '광고' 표시가 없는 상품이 2개 보이도록 합니다. 상단에 표시되는 상품들은 '광고'란 표시와 함께 가격이 표시됩니다.

TIP

실제 동작 시에는 최저가 검색이 목적이므로 검색 방식을 '낮은 가격순'으로 변경 작업을 진행하는 관련 작업을 추가할 예정입니다.

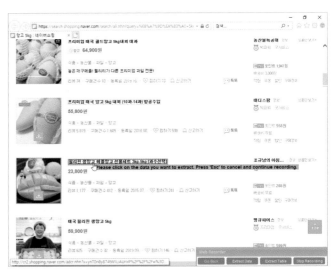

06 [Web Recorder] > [Extract Data]를 클릭합니다.

07 [Extract Data Option] 대화상자에서 [Pattern based data]를 체크하고 [Next] 단추를 클릭합니다.

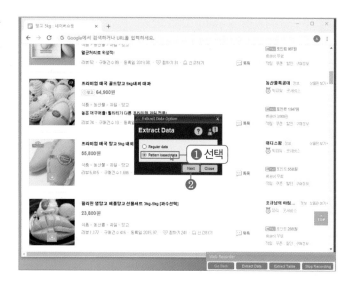

08 IE로 돌아가 마우스 움직임에 따라 개체가 잡히면 정상적인 상태입니다. 지금은 이름과 웹 링크와 가격을 각각 추출할 예정이므로 먼저 이름을 2개 순차적으로 선택합니다.

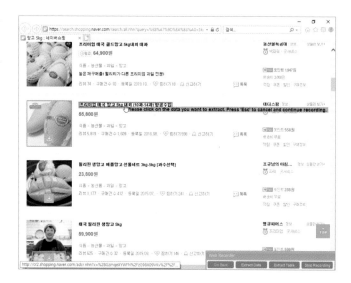

09 'P_Name'을 입력하고, [Select Action]은 'Get Text'를 유지한 상태로 [Save] 단추를 클릭합니다.

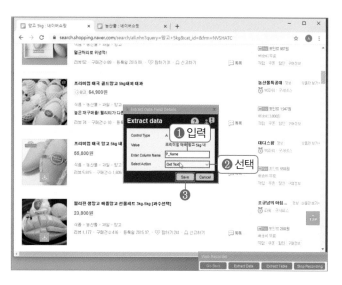

10 [Extract Multiple Data] 대화상자가 나타나면 [Add] 단추를 클릭하여 추출 항목을 추가합니다.

11 동일하게 제목을 선택하고 이번에는 이름은 'P_URL'로 변경합니다. [Select Action]은 'Get URL'로 변경합니다.

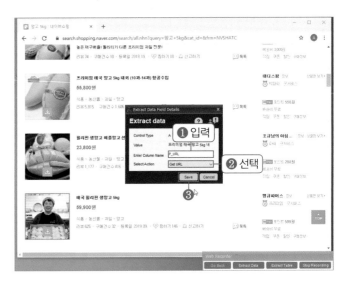

12 이번엔 가격을 추출하는 작업을 진행합니다. 다시 한번 [Extract Multiple Data] 대화상자에서 [Add] 단추를 클릭합니다.

13 가격 추출을 진행합니다. 이름은 'P_Price'로 입력하고 [Save] 단추를 클릭합니다.

TIP

선택 항목에 따라 'xxx원'이라는 원하지 않는 글자가 추가될 수 있습니다. 이건 웹 페이지나 항목에 따라 나타나는 현상이므로 '원'이라는 불필요한 글자를 제거하는 방법은 248페이지에 [String Operation] > [Replace] 기능을 참고하기 바랍니다.

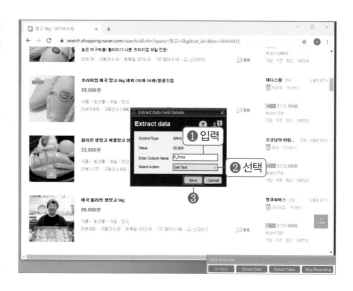

14 [Extract Multiple Data] 대화상자에 3개 항목이 추가된 것을 확인할 수 있습니다. [Next] 단추를 클릭합니다.

15 각 항목당 10개의 데이터만 추출할 예정이므로 2단계인 [Select Repetition]에서는 추가하지 않고 바로 [Next] 단추를 클릭합니다.

16 3단계에서는 [Preview Data] 단추를 클릭하여 정상적으로 값이 오는지 확인합니다.

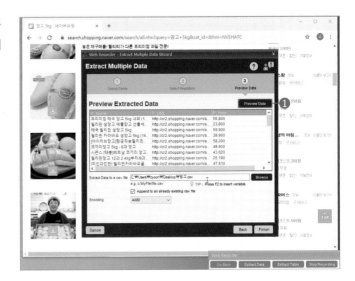

17 파일 이름은 '망고.csv'로 설정하고 Encoding 값은 'UTF8'로 설정합니다.

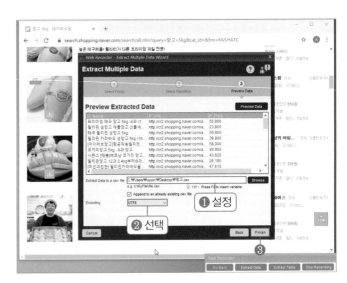

18 Stop Recording을 클릭합니다.

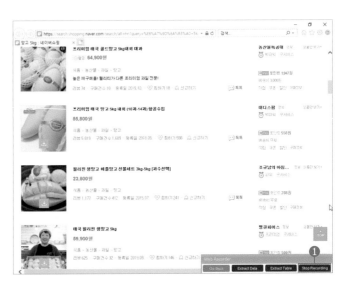

19 [Save Task] 대화상자가 나타나면 'S1'로 저장합니다.

'상품.xlsx' 파일의 상품명 가져오기

Web Recorder를 통해 기본 추출 작업이 완료되었으므로, 이제 '상품.xlsx' 파일에서 데이터 추출과 연결하는 작업을 진행해보겠습니다.

01 [My Tasks]의 'S1'을 선택하고 [Edit]를 클릭합니다.

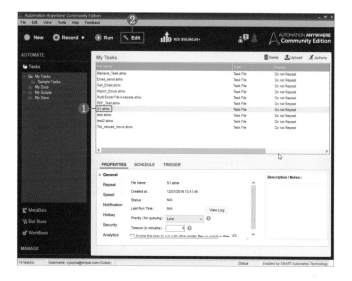

02 Script 편집 창이 열리면 상단에 '상품.xlsx' 파일의 상품명을 가져오는 Script를 추가하는 작업을 진행합니다. [Commands] > [Excel] > [Open Spreadsheet]를 더블클릭합니다.

03 [Session Name]은 'Product'로 하고 파일명은 미리 작성해둔 '상품.xlsx' 파일로 설정합니다.

04 Loop문 삽입 전에 변수를 추가합니다. 'Excel_count', 'Excel_count_sub', 'Excel_Name', 'clip_value'를 추가합니다.

> **TIP**
>
> [Excel_count]와 [Excel_count_sub]을 '2'로 설정합니다.

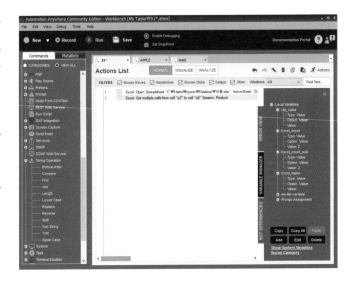

05 '상품.xlsx' 파일의 값 중 상품명 이름만 가져올 예정입니다. [Commands] > [Excel] > [Get Cells]를 더블클릭 합니다.

06 [Get Multiple Cells]를 체크하고 순차적인 진행 상황이라면 [Session Name]은 자동으로 입력되어 있으므로 [From Specific Cell]에는 'A2'를 입력하고 [To Specific Cell]에는 'A6'을 입력합니다.

07 이제 가져온 상품명을 순차적으로 Web Recorder 작업과 연결하여 동작 시켜야 하므로 [Commands] > [Loop] > [Each Row In An Excel Dataset]을 더블클릭합니다.

TIP

[Session Name]은 Excel 실행 시 사용한 'Product'를 입력합니다.

08 Loop문의 정상적인 동작 확인을 위해 Message Box를 넣어 봤습니다. Excel 데이터를 순차적으로 불러오기 위해 '$Excel Column(1)$'를 사용합니다. 이제 '상품.xlsx' 파일을 가져오는 동작이 완료되었습니다.

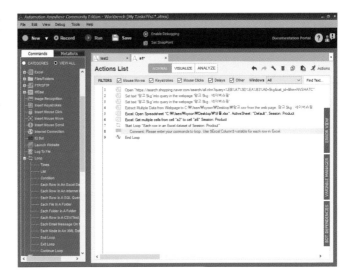

추출한 상품명과 Web Recorder 연동하여 csv 파일 생성하기

이제 xlsx에서 추출한 값을 기반으로 각각의 항목을 웹 검색으로 연결하도록 하겠습니다. Automation Anywhere와 같은 RPA 툴에서는 이러한 작업을 쉽게 진행할 수 있도록 많은 보조 옵션을 제공하고 있습니다.

01 Chrome을 실행 후 쇼핑 페이지로 접근합니다. 검색을 진행할 웹 주소(https://shopping.naver.com)를 복사합니다.

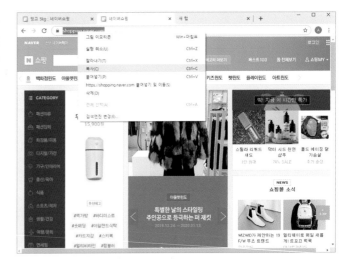

02 [Commands] > [Web Recorder] > [Open Browser]를 실행한 후 복사한 내용을 붙여넣습니다.

TIP

해당 Script는 Loop문 위에 삽입합니다. 처음만 브라우저를 여는 작업을 진행하며 이후에는 브라우저의 주소를 바꿔가며 동작할 예정입니다.

03 이제 Loop문 안쪽에 순차적으로 작업을 진행합니다. 먼저 Delay를 3초 입력합니다. 웹 페이지가 열리고 잠시 기다려서 커서가 위치해줄 때 까지 대기 시간입니다.

04 [Variable Operation]을 통해 [Excel_Name]에 '$Excel Column(1)$'를 넣어주세요. 이제 [Excel_Name]에는 제품명이 들어가게 됩니다.

05 브라우저가 열려서 제품명 입력 창에서 커서가 깜박이고 있으므로 검색할 제품 이름을 입력합니다. 용량도 검색 값에 추가할 예정입니다. 혹시 모를 입력값을 제거하는 작업을 먼저 진행합니다. '[CTRL DOWN]a[CTRL UP][DELETE]' 전체 선택 후 삭제를 [Commands] > [Insert Keystrokes]를 통해 입력합니다. 하단에 [Delay]는 '1000'을 입력합니다.

TIP

만약 브라우저의 검색 항목으로 커서가 이동되지 않는다면 [Commands] > [Insert Mouse Click]을 활용하여 검색 항목으로 마우스 클릭 추가가 가능합니다. 이러한 옵션 추가를 통해 보다 원활한 자동화 동작 연결 작업이 가능합니다.

06 [Commands] > [Insert Keystrokes]를 활용하여 이번에는 제품명 '$Excel_Name$ 5kg[ENTER]'를 입력합니다. 하단에 [Delay] 옵션은 '1000'을 입력합니다.

07 검색에 필요한 시간을 추가해줍니다. Delay를 활용하여 3초를 입력합니다.

08 검색 내용은 네이버 최저 가격이 아닌 추천 순서이므로, 이제 웹 주소를 클릭하여 복사 후 일부를 재가공 할 예정입니다. 검색 내용을 올바르게 가져오기 위해 주소 위치를 클릭 전 브라우저의 크기를 전체 화면으로 변경합니다. [Commands] > [Window Actions] > [Maximize Window]를 사용해서 전체 화면으로 변경합니다.

09 전체 화면이 정상적으로 변경되는 데는 잠시 시간이 필요할 수 있습니다. Delay를 활용하여 3초를 입력합니다.

10 [Commands] > [Insert Mouse Cl
ick]을 더블클릭합니다. [Capture] 단추
를 누른 상태로 주소 창 부분으로 이동
하면 입력값이 보입니다.

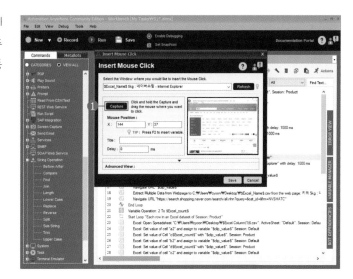

11 주소 창을 클릭하면 주소 창은 자
동으로 선택됩니다. 키보드를 통해 해
당 값을 복사합니다. 이번에는 잘라
내기 키를 이용하겠습니다. '[CTRL
DOWN]x[CTRL UP]'을 입력합니다.

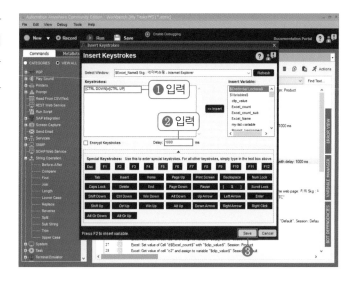

12 잘라낸 클립보드의 값을 가져와서
변수에 담습니다. [Commands] > [Cli
pboard] > [Assign From Clipboard]를
더블클릭하여 미리 생성해둔 'clip_val
ue'에 넣습니다.

13 주소 창에서 변경해야 하는 항목은 네이버 추천 정렬입니다. 해당 항목은 'sort=rel'이므로 우선 해당 값을 제거합니다. [Commands] > [String Operation] > [Replace]를 사용하여 '$clip_value$'에서 'sort=rel'을 제거합니다.

14 이번엔 최저가 정렬값을 주소 창에 추가할 예정입니다. [Commands] > [Variable Operation]을 활용하여 '$clip_value$&sort=price_asc'를 입력합니다.

15 [Commands] > [Web Recorder] > [Navigate URL]을 활용하여 열려있는 브라우저의 주소를 쉽게 변경할 수 있습니다. [Navigate URL]에는 '$clip_value$'를 입력합니다.

16 이제 처음 Record를 통해 생성했던 [Extract Multiple Data from] 줄을 여기로 이동시키면 됩니다.

17 [Extract Multiple Data from]의 편집 화면으로 이동 후 3단계에서 파일 이름은 '바탕 화면\$Excel_Name$.csv'로 변경합니다. 파일명은 가져온 값에 따라 업데이트될 수 있도록 해주는 작업입니다.

18 데이터 추출이 완료되었으므로, [Commands] > [Web Recorder] > [Navigate URL]을 더블클릭합니다. 이제는 처음 브라우저를 열 때 사용했던 네이버 쇼핑 검색 주소(https://shopping.naver.com)를 입력합니다.

19 [Save] 후 [Run] 동작을 통해 정상
적으로 바탕 화면에 5개의 데이터가 생
성되는지 확인합니다.

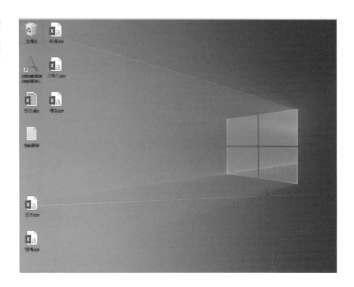

데이터 추출 및 업데이트하기

각각 생성된 '$상품명$.csv' 파일에서 최저가, 평균가 등을 추출하여 내용 추출 후 '상품.xlsx'에 해당 내용을 업데이
트 진행할 예정입니다.

01 [Variable Operation]을 활용하여
Excel_count 값을 초기화합니다. 시작
값은 '2'로 합니다(2개의 변수 시작값으
로 설정하기).

02 기본적인 동작 추가를 위해 상단에 추가한 Loop문과 동일하게 [Session Name]은 'Product'로 추가합니다.

03 Loop문에 [Variable Operation]을 활용하여 Excel_count의 값을 업데이트하도록 추가합니다.

04 이제 [Commands] > [Excel] > [Open Spreadsheet]를 활용하여 '$상품명$.csv'를 각각 하나씩 열기를 진행합니다.

05 [Commands] > [Excel] > [Close Spreadsheet]를 활용해서 미리 닫는 것을 추가합니다. 반복문 안에서 닫아야 하므로 미리 닫아도 좋습니다.

TIP

[Do not save changes]에 체크합니다.

06 [Commands] > [Excel] > [Get Cells]를 활용하여 각 셀의 값을 가져오는 값을 담는 변수는 Clip_value를 재활용할 예정입니다. '$상품명$.csv'의 첫 값을 가져와서 담아 주세요.

07 [Commands] > [Excel] > [Set Cell]을 활용하여 '상품.xlsx' 파일의 각 셀에 내용을 추가합니다. [Session Name]은 Excel 실행 시 사용한 'Product'를 입력합니다.

TIP

입력되는 위치와 추출되는 위치는 다를 수 있습니다. 추출 시에는 고정 값인 '2'를 입력에 사용하며, 입력 시에는 'Excel_count' 변수를 활용하여 줄 수를 확인하며 입력합니다.

08 Loop문을 추가할 예정이며, 여기서 사용할 변수는 2개입니다. Loop문 삽입 전에 초기화 해주는 작업을 진행합니다. 우선 'Excel_Name' 변수에는 30개 항목의 종합을 담을 예정입니다. '0'으로 값을 초기화합니다.

09 'Excel_count_sub'는 추가되는 Loop문의 숫자를 조정할 예정입니다. '2'로 초기화합니다.

10 이제 평균값을 구하기 위해 Loop문을 추가합니다. 30개의 값을 구해서 평균을 구할 예정이므로 [Commands] > [Loop] > [Times]를 활용하여 추가합니다.

11 다시 한 번 가격 값을 가져와서 'Clip _value'에 넣습니다.

12 가져온 'Clip_value' 값을 'Excel_ Name'에 넣어서 합치는 작업을 진행합니다.

13 Loop문이 진행됨에 따라 현재 진행 순서인 'Excel_count_sub' 숫자를 1개 올리는 작업을 진행합니다.

14 추가된 Loop문 작업이 종료 되었으며, 이제 Loop문이 30개가 합쳐진 데이터이므로, 30으로 나눠서 clip_value 값에 담습니다(평균값 구하기).

15 이제 '상품.xlsx' 파일에 평균값을 넣는 작업을 진행합니다.

16 데이터 추출 작업이 완료되었으므로 '$상품명$.csv' 파일을 종료합니다 (저장은 하지 않습니다).

17 Loop문 내부 입력 과정이 종료되었으며 End Loop 하단에 '상품.xlsx' 파일을 저장 후 종료합니다.

결과 파일 Email 보내기

Email 보내기 자세한 설정은 14장을 참고 부탁드립니다. 한번 설정하게 되면 매번 설정할 필요는 없으므로 이전 과정을 작업했다면 별도의 추가 설정은 필요 없이 다음 작업이 진행 가능합니다.

01 이번에는 Email 값을 추출하기 위해 바탕 화면에 설정한 'Email.txt' 파일을 불러오는 작업을 진행합니다. [Commands] > [Read From CSV/Text]를 활용합니다. [Session Name]은 'Email_data'로 입력합니다(자동으로 Loop문이 추가됩니다).

02 한 줄의 글자를 필요에 따라 분리하는 기능을 추가합니다. txt 파일에서는 ':'을 기준으로 [Commands] > [String Operation] > [Split]를 활용해서 나누게 되면 이름과 Email 주소를 기준으로 분리됩니다(변수는 my-list-variable을 사용 하였습니다).

03 추가적으로 Split를 위한 Loop을 활용해서 'my-list-variable'에서 추출하기 위해 이름과 Email을 각각의 변수에 담아 주는 작업을 진행할 예정입니다. 이 작업을 위한 사전 작업으로 Loop는 Split를 사용하여 담은 변수를 기준으로 List로 설정합니다.

04 이름에는 '@'가 포함되어 있지 않음으로 이것을 활용하여 변수에 담아 줍니다. 'my-list-variable'에서 '@'이 포함되어 있지 않는 항목을 검색하는 If문을 추가합니다(포함 되지 않는 옵션은 'Does Not Include'입니다).

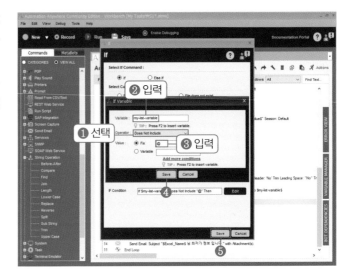

05 추출된 값을 변수에 담아 줍니다. 여기서는 기존 변수인 'Excel_Name' 활용하였습니다.

06 Email 주소에는 '@'가 포함되어 있으므로 이것을 활용하여 변수에 담아 줍니다(문자의 포함 여부를 확인하는 Operator는 'Includes'입니다).

07 추출된 값을 변수에 담아 줍니다. 여기서는 기존 변수인 'clip_value' 활용했습니다.

08 변수를 각각 담았으면 Split의 Loop문 종료 후 [Commands] > [Send Email]을 선택합니다. [Send Email] 대화상자가 나타나면 [From]에는 현재 내 Email 정보를 입력하면 됩니다. [to]에는 '$Email-value$'를 입력합니다. 해당 변수를 통해 Excel에서 불러온 Email 순서대로 발송됩니다.

09 [Run] 후 정상적으로 Email이 발송된 것을 확인할 수 있습니다.

TIP

이번 과정에서는 작성자의 이해를 돕고 동작 중간중간 확인을 쉽게 하려고 동일한 Loop문을 분할하여 작업하였지만 Loop문을 통합해서 작업하는 게 더 효율적인 Script일 수 있습니다. 하지만 Script는 단순히 나 혼자 이해하기 쉽고 효율적인 방향으로만 향하는 것보다는 다른 사람이 보더라도 이해가 쉽게 될 수 있고 수정 및 유지 보수가 수월하도록 분할하고 주석을 추가하는 것도 좋은 방법입니다.

여기서는 빠른 작업을 위해 변수를 최대한 재활용하여 작업하였지만, 실제 작업 시 이런 변수 재활용은 다른 사람이 보기에 가독성을 떨어뜨리므로 각각의 목적성을 가진 변수를 추가해서 사용하시는 걸 추천합니다.

반복적인 업무 프로세스 자동화를 위한

RPA의 모든 것

with. Automation Anywhere

1판 1쇄 발행 2020년 9월 21일

저 자 최윤석, 정영훈
발행인 김길수
발행처 ㈜영진닷컴
주 소 (우)08507 서울특별시 금천구 가산디지털1로 128
STX-V 타워 4층
등 록 2007. 4. 27. 제16-4189호

ⓒ2020. ㈜영진닷컴
ISBN 978-89-314-6318-7

이 책에 실린 내용의 무단 전재 및 무단 복제를 금합니다.

영진닷컴 프로그래밍 도서

영진닷컴에서 출간된 프로그래밍 분야의 다양한 도서들을 소개합니다.
파이썬, 인공지능, 알고리즘, 안드로이드 앱 제작, 개발 관련 도서 등 초보자를 위한 입문서부터
활용도 높은 고급서까지 독자 여러분께 도움이 될만한 다양한 분야, 난이도의 도서들이 있습니다.

스마트 스피커 앱 만들기

타카우마 히로노리 저 | 336쪽
24,000원

호기심을 풀어보는
신비한 파이썬 프로젝트

LEE Vaughan 저 | 416쪽
24,000원

나쁜 프로그래밍 습관

칼 비쳐 저 | 256쪽
18,000원

유니티를 이용한 VR앱 개발

코노 노부히로, 마츠시마 히로키,
오오시마 타케나오 저 | 452쪽
32,000원

하루만에 배우는 안드로이드 앱 만들기 2nd Edition

서창준 저 | 272쪽
20,000원

퍼즐로 배우는 알고리즘 with 파이썬

Srini Devadas 저 | 340쪽
20,000원

돈 되는
안드로이드 앱 만들기

조상철 저 | 512쪽 | 29,000원

IT 운용 체제 변화를 위한 데브옵스 DevOps

카와무라 세이고, 기타노 타로오,
나카야마 타카히로 저
400쪽 | 28,000원

게임으로 배우는 파이썬

다나카 겐이치로 저 | 288쪽
17,000원

수학으로 배우는 파이썬

다나카 카즈나리 저 | 168쪽
13,000원

텐서플로로 배우는 딥러닝

솔라리스 저 | 416쪽
26,000원

그들은 알고리즘을 알았을까?

Martin Erwig 저 | 336쪽
18,000원